AF401530

PREMIÈRE RÉPONSE

DE

GASTAUD (des Alpes – Maritimes),

MEMBRE DU CONSEIL DES ANCIENS,

A la diatribe adressée par le citoyen Dabray, membre du Conseil des Cinq-Cents, à ce qu'il appelle ses commettans.

ERRATA.

Page 4, ligne 23 : lisez *feront* au lieu de *feroient*.

Page 55, dernière ligne, après les mots *respecter les lois* : ajoutez, *et rentrer,* etc.

Lisez *Payany* par-tout où il y aura *Pagany*.

GASTAUD,

DES ALPES-MARITIMES,

Membre du Conseil des Anciens ;

SA première réponse (1) à la diatribe adressée par le citoyen Dabray, membre du Conseil des Cinq-Cents , à ce qu'il appelle ses commettans. (2)

Paris , le 23 thermidor an 7 de la République française , une et indivisibble.

UN amas d'impostures et de calomnies ayant pour titre : *Dabray , du Conseil des Cinq-Cents , à ses com-mettans*, a paru il y a près d'un mois dans le public.

---

(1) Cette réponse n'eût pas autant tardé de paroître si, avant de la livrer à l'impression , nous n'eussions pas eu besoin de nous procurer plusieurs pièces que nous produisons.

(2) Le fameux ouvrage du citoyen Dabray n'est connu dans le département des Alpes-Maritimes que par un bien petit nombre de citoyens. On prétend que trois seuls exemplaires y ont été envoyés ; que le reste a été distribué aux membres des deux Conseils. Si le citoyen Dabray ne l'y fait pas mieux connoître , on croira qu'il a pris ses collègues pour ses commettans , ou qu'il n'en compte que trois dans son département.

A

C'est l'ouvrage des profondes méditations d'un homme exercé pendant vingt ans sous un despote à rédiger des conclusions préliminaires d'accusations pour les actes qui ne lui plaisoient point. C'est, sous le rapport de la gloire pour l'auteur, la statue de Pygmalion que l'ouvrier se complaît à contempler : c'est enfin le chef-d'œuvre annoncé depuis trois mois dans le département des Alpes-Maritimes, et parmi quelques Niçois établis à Paris, menacés d'être placés dans le rang des accusés, s'ils s'avisoient de prendre leur défense, ou d'approfondir les motifs qui font agir l'amour-propre d'un député qui aspire à cueillir de nouveaux lauriers (1).

A l'apparition de cette brochure autant infame que ridicule, je me suis d'abord dit : Qu'est-ce que ce représentant qui sent le double besoin de se faire connoître de ses commettans, et *de démasquer à ceux-ci des fripons qui s'efforcent de tromper le public ?*

C'est un homme sans doute qui, non loin du terme où il doit rendre compte de sa mission, prévoit un jugement qui contrarie ses intérêts et son ambition : c'est un homme qui, sous l'autre rapport, ne voit d'autre moyen pour les servir et les favoriser, qu'en tentant de dénigrer la réputation de ceux dont il redoute autant l'influence que les vertus et les talens.

Si c'est par des moyens aussi vils que le citoyen Dabray veut forcer la confiance de ses concitoyens, qu'il se persuade de ne pas réussir. La confiance ne se

---

(1) Ces lauriers ne peuvent plus être ceux des indemnités qu'il touche depuis sept ans comme représentant du peuple, puisqu'il ne peut plus être réélu ; mais ils consisteroient, dans les rétributions assignées aux membres du tribunal de cassation auquel le département des Alpes-Maritimes doit fournir son contingent lors du renouvellement du cinquième en l'an 8.

commande point : elle n'est jamais que le résultat du plus ou moins de bien qu'on a fait ou voulu faire à ceux dont on la réclame.

Quel est le titre le plus puissant que présente le citoyen Dabray pour l'acquérir ? c'est la lettre qu'il écrivit au département pour réclamer contre un abus qui y *soumettoit les ânes au droit de passe, et qui nuisoit à la multiplicité de l'espèce.*

Sera-ce encore par le tribut d'éloges que ce représentant paie à sa conduite dans cette fameuse lettre à ses commettans qu'il croira gagner leurs suffrages *pour être soustrait,* comme en 1793, a-t-il dit, *aux émissaires de la cour de Turin,* ou pour l'être à l'ignominie que lui préparent et la nullité d'une mission de sept ans, et la crudité de son caractère, et l'injustice de toutes ses actions ? non assurément.

La suite de cette réponse prouvera ce qu'a été le citoyen Dabray sous l'ancien gouvernement et sous le nouveau, ce qu'il est à présent, et ce qu'il sera par la suite du temps ; elle prouvera aussi que ce n'est pas impunément qu'on attaque l'honneur et une réputation trop bien établie de plusieurs de ses concitoyens ; qu'il est difficile et même impossible de dicter un jugement à ceux qui, connoissant et ayant pu suivre régulièrement et leurs principes et leur conduite, sauront apprécier également le mérite d'un homme vain.

Ce ne sera ni sur les calomnies qu'il aura vomies contre eux, ni sur les éloges dont il s'est rendu dispensateur tant envers lui qu'envers le petit nombre de ses partisans, que reposera le jugement public. Ils seront tous jugés par leurs propres actions, et ces actions sont parfaitement connues des commettans du citoyen Dabray. Elles le seront encore par les collègues de ce représentant, à qui sans doute il en a voulu imposer, ainsi que nous le prouverons, en leur parlant des hommes qu'ils ne pouvoient connoître et juger qu'avec la production intégrale des pièces astucieusement supprimées ou tronquées en partie par le citoyen Dabray.

J'ajouterai même que son intention, en faisant distribuer aux deux Conseils, à différens cafés de Paris et à des étrangers qui s'y trouvoient casuellement, l'écrit dont nous parlons, n'a eu d'autre but que de diminuer cette portion de confiance dont mes collègues m'avoient honoré, soit en me comptant au nombre des législateurs indépendans qui gémissoient des revers que nous faisoit éprouver l'affreux systême du Directoire renversé, soit en m'appelant au bureau du Conseil des Anciens après les journées des 28, 29 et 30 prairial dernier.

C'est parce que j'ai la conviction que le citoyen Dabray a eu ces intentions que je me suis déterminé à répondre à une brochure qui m'eût épargné ce travail, si elle n'eût été faite que pour instruire et éclairer les habitans de mon département.

Le citoyen Dabray sait très-bien l'usage qu'ils en feroient. Il y a long-temps qu'ils ont pu asseoir leur jugement sur la probité et les principes de chacun de ceux dont ils ont pu épier le plus petit mouvement, soit avant, soit depuis la révolution, et sous toutes les crises qu'elle a souffertes.

Ce seroit donc en vain que le citoyen Dabray tenteroit de persuader à ses commettans qu'il est digne de leur confiance en s'érigeant en panégyriste de sa propre conduite. Tous ses efforts seroient inutiles, si par ce qu'il a fait, dit et écrit jusqu'à ce jour, ils n'ont pu acquérir la conviction qu'il voudroit leur inspirer. Quant aux autres de leurs concitoyens auxquels leur confiance a également conféré des fonctions publiques, les calomnies du citoyen Dabray ne pourront jamais obtenir la réformation de leur premier jugement.

Quel que soit l'aveuglement de ce représentant, je ne pourrai jamais croire qu'il ait eu pour but de commander l'opinion de ses commettans en leur adressant l'écrit dont je viens de parler.

Je croirai plutôt que c'est pour venger son amour-propre blessé dans les réponses hardies (1) d'un de ses concitoyens faites aux assertions impudentes publiées par lui dans le département, qu'il a été excité à leur faire hommage des injures que la perfidie autant que l'imposture ont pu réunir ensemble, et que le poison mortifère du cœur de Dabray a pu distiller pour flétrir la réputation d'estimables citoyens.

Dans la réponse que je vais faire à toutes ces calomnies, j'y parlerai de moi le moins que je pourrai; j'eusse même desiré pouvoir m'en dispenser, mais comment se taire sur les inculpations qui me sont personnelles, sans qu'aux yeux de ceux qui ne me connoissent que depuis que je suis leur collègue elles n'acquièrent quelque degré de véracité ?

Cette nécessité de parler de moi me sera également imposée pour les différens rapports historiques que je dois faire des événemens qui se sont passés dans mon département, tant pour prouver les vues ambitieuses, l'imposture, la vanité et la perfidie du cit. Dabray, que pour faire jaillir la vérité sur les brigands qu'il

---

(1) Je dis *hardies*, parce qu'elles ont été faites et publiées dans un temps où l'on avoit à craindre avec d'autant plus de raison les actes de despotisme de Merlin et consorts, qu'elles attaquoient un de leurs courtisans, et le mouchard lancé par eux dans les salons de conférence et autres réunions de représentans.

défend aux dépens de la vertu outragée, et par eux, et par lui, et par les directeurs et quelques ministres prairialisés.

« Vous savez, dit le citoyen Dabray, que tout
» avoit été disposé et avoit concouru à ce que le ci-
» toyen Gastaud vînt au Conseil des Anciens et les
» deux destitués fussent reportés à l'administration ;
» un d'eux cependant, ou soit Hancy, ne voulut pas
» accepter. »

Qu'entendez-vous, citoyen Dabray, par ces mots, *que tout avoit été disposé à ce que je vinsse au Conseil des Anciens?*

Voudriez-vous faire croire que c'est par votre influence que j'ai été appelé aux fonctions de législateur? ou prétendez-vous insinuer que je dois mon élection à des moyens réprouvés ?

Je répondrai que ce seroit pousser la vanité et l'impudeur trop loin que de se flatter d'avoir eu la moindre part aux élections de l'an 6; votre influence a toujours été nulle dans mon département, où quelqu'effort qu'on ait fait pour détruire l'opinion que vous y aviez laissée, les titres bien mérités d'homme présomptueux, imposteur, illibéral, ingrat, sanguinaire et vindicatif, n'ont jamais été ménagés par les répupublicains qui vous avoient bien jugé.

La réélection des citoyens Scudery et Hancy, que vous aviez fait destituer, sur le rapport de celui qui étoit venu à Paris pour faire excepter de la loi du 19 fructidor les émigrés de notre département, et que vous connoissiez particulièrement par ses intrigues et les moyens qu'il avoit mis en usage dans l'assemblée électorale de 1793, pour vous faire nommer à la Convention, ne vous a jamais plu. Elle jugeoit l'injustice que vous aviez commise, et vous couvroit d'opprobre pour les calomnies que vous aviez vomies contre eux.

Ne vous avisez donc pas d'insinuer que vous y avez concouru ; vous eussiez desiré au contraire qu'ils n'eussent pas été réélus, et, ce qui est plus, c'est que vous aviez déja tenté, auprès du ministre de l'intérieur, de faire destituer leurs anciens collègues, parce qu'ils les avoient défendus : si vous ne réussites pas dans cette occasion auprès du ministre, qui reconnut votre légèreté et s'apperçut peut-être des motifs qui vous faisoient agir, vous ne conçûtes pas moins l'espoir d'y parvenir par les moyens que vous prépariez.

Vous prévites qu'ayant payé d'ingratitude, non-seulement l'estime et l'attachement qu'ils vous avoient voués, mais encore les sacrifices qu'ils avoient faits en l'an 5 pour vous maintenir au Corps législatif, vous ne pouviez plus rien attendre d'eux ; qu'il eût été difficile de siéger en l'an 8, au tribunal de cassation, si ceux dont vous aviez éprouvé l'influence et trahi avec autant de perfidie l'amitié, pouvoient encore l'exercer en y occupant les premières places du département, et vous n'eûtes rien de plus pressé que de profiter de la nomination de votre collègue Massa à la place de commissaire central pour vous rendre auprès de lui, et y opérer ensemble, par des moyens iniques, les changemens qui remplissoient vos projets et les siens.

Quant à mon élection, le citoyen Dabray a pu savoir de quelle manière elle a été faite ; n'eût-il lu que le procès-verbal, il m'y aura vu ou présumé au moins aussi modeste que lui le fut en 1793 (1).

____

(1) Je regarde pour homme modeste celui qui sait se rendre justice. Le citoyen Dabray, en 1793, reconnut en lui tellement le mérite d'être choisi pour membre de la Convention, qu'il joignit son

Si je dois quelque chose au citoyen Dabray relativement à cette élection, je veux le lui payer.

Arrivé ici le 17 floréal an 6, j'y appris par lui et le citoyen Massa qu'on s'y occupoit de l'examen de toutes les élections; et sur quelques discours prononcés dans les deux Conseils, par lesquels on vouloit établir constitutionnellement que le peuple n'avoit délégué ses droits d'élection aux assemblées électorales de département qu'en soumettant leur choix à la sanction du Corps législatif, j'énonçai une opinion contraire à la leur.

Ils eussent pu me faire exclure du nombre des élus admis, en me présentant sous une des deux qualifications qui ont servi si souvent les passions de ceux qui craignent les êtres indépendans. Ils ne le firent point; et voilà où le citoyen Dabray, qui a été un des coopérateurs et préconisateurs de la loi du 22 floréal, a pu concourir à ce que je vinsse au Conseil des Anciens.

C'est dans le mois de fructidor an 6 que le citoyen Dabray arriva à Nice. S'il étoit de bonne foi, il diroit que, blessé dans son amour-propre de ne pas trouver dans les membres de l'administration des hommes disposés à subir le joug que vouloit leur imposer le commissaire central son digne collègue, avec lequel il avoit concerté le plan d'intérêt et d'ambition que l'historique des faits rapportés dans cette réponse développera, il seconda secrètement toutes les manœuvres de Massa, tout en feignant d'être l'ami des administrateurs, et en con-

suffrage à celui des électeurs qui avoient participé aux dîners qu'il donna dans cette occasion. Le citoyen Gastaud n'a pu se reconnoître le même mérite; motif pour lequel il croit ne devoir sa nomination, soit à la place de président de l'assemblée électorale, soit à celle de législateur aux Anciens, qu'au témoignage de confiance qu'a bien voulu lui donner en l'an 6 la totalité, moins un, des membres qui composoient avec lui ladite assemblée.

venant avec eux qu'un motif d'intérêt portoit ce commissaire à soutenir la non-émigration de son protégé *Paul - Augustin Lascaris*.

Les moyens que Massa avoit tentés pour arracher de ces administrateurs un arrêté de radiation provisoire n'avoient rien pu opérer auprès d'eux : des motifs puissans l'engageoient à ne pas lâcher prise. L'un de ces motifs étoit la promesse qu'il avoit faite aux prétendus héritiers de la riche succession dudit émigré, promesse qui eût compromis son amour-propre, si elle n'eût pu être réalisée. Le second de ces motifs étoit sans doute la récompense qu'il devoit attendre de ceux qui, par une telle radiation, se seroient trouvés favorisés dans leurs intérêts. Ce second motif est prouvé par la lettre que François Feroggio, son commis et fondé de pouvoirs par un des prétendus héritiers, écrivit à Turin pour disposer ceux-ci aux sacrifices qu'on exigeoit. J'aurai occasion de dire dans cette réponse, de qui pouvoient-ils être exigés ces sacrifices, si ce n'est de la part de ceux qui vouloient cette radiation ? Massa et son commis Feroggio la vouloient, et les administrateurs destitués l'ont constamment refusée.

Le citoyen Massa étoit d'autant plus intéressé à ce que *Lascaris* ne fût pas émigré, qu'il savoit exister des déclarations constatant que plusieurs sacs d'argent et autres effets mobiliers dudit émigré avoient été transportés, lors de son décès, chez son frère Alexandre, autre commissaire à Menton (1). Il savoit aussi que parmi les écritures de l'émigré défunt, un billet de 5,000 livres, monnoie de Piémont, avoit été trouvé (2) et déchiré par un des prétendus héritiers au béné-

---

(1) Voyez les pièces n°. 1 , 2 , 3 et 4,

(2) Les pièces n°. 1 et 2 parlent d'un billet pour les deux sacs d'or remis à des personnes sûres.

fice de la famille Massa , afin de l'intéresser en leur faveur (1).

Le commissaire Massa , convaincu, par tout ce qui avoit précédé , de l'inutilité des moyens et menaces qu'il n'avoit cessé d'employer jusques-là pour déterminer les administrateurs opposans à accorder cette radiation , n'eut plus d'autre ressource que de provoquer leur destitution qui , dans le plan concerté , remplissoit parfaitement le but du citoyen Dabray. On eût peut - être retardé de le mettre à exécution , si la circonstance que je viens de citer n'eût forcé l'un et l'autre de l'accélérer.

Les moyens qu'on employa pour arriver à ce but sont consignés dans les pièces transcrites à la suite de cette réponse (2).

Qu'il ne dise donc pas, l'ambitieux Dabray, avec ce ton d'imposture qui lui est si familier , qu'il lui fut démontré que *les accusations portées contre les membres de l'administration n'étoient que trop vraies*; lui sur-tout qui avoit lu le rapport par lequel un de ces administrateurs, le citoyen Scudery , proposoit le rejet des réclamations des prétendus héritiers Lascaris, sur l'objet de la non-émigration ; lui encore qui s'étoit expliqué en faveur des motifs consignés dans ce rapport , et s'en étoit fait donner un extrait , pour le faire valoir auprès du Directoire exécutif , au cas qu'on eût voulu les attaquer.

Il est possible que le citoyen Dabray, pour justifier l'assertion vague , que *les accusations portées contre les*

---

(1) Le citoyen Pagany, en prairial ou messidor an 6, me dit à Paris, en parlant du citoyen Massa, qu'il avoit su ce fait du citoyen Benza, confident de l'émigré Lascaris, et chargé des pouvoirs d'un des prétendus héritiers.

(2) Voyez les pièces n°. 5, 6, 7 et 8.

membres de l'administration n'étoient que trop vraies, s'attache à citer les radiations d'émigrés qui ont été prononcées par eux avant l'époque de fructidor an 5 ; mais tout en convenant que les administrateurs ne sont pas exempts de reproche, et que cela seul pouvoit leur mériter une destitution, j'aurai toujours raison de dire, et je le répéterai souvent, que l'arrêté qui la prononce est un acte de la plus insigne iniquité, puisqu'il ne porte que sur des faits qui non-seulement sont étrangers à ce reproche, mais atteignent plutôt dans l'un son ex-collègue Massa (1), et dans l'autre les ministres qui ont commandé la vente des effets d'artillerie et autorisé l'exportation (2).

Je ne dois cependant point laisser échapper que s'il est vrai que des radiations d'émigrés aient été prononcées avec trop de facilité avant l'époque de fructidor, il est aussi vrai qu'elles sont pour beaucoup d'individus le fruit des sollicitations de la sœur du citoyen Dabray, du silence de celui-ci lorsqu'il étoit consulté, des réponses évasives du ministre de la police générale, et finalement de l'infamie que le citoyen Dabray lui-même laissoit répandre, à la tribune du Conseil où il siégeoit, contre tous ceux qui s'avisoient de ne pas interpréter en faveur de ce qu'ils appeloient des hommes infortunés, les lois qui les frappoient (3).

---

(1) Voyez dans la pièce n°. 9 les expressions de *Feroggio* à son beau-frère *Jano* du 21 juillet 1798, citée dans l'arrêté du Directoire exécutif, et particulièrement celles où il dit : *ti dico solamente che l'arrestato per decretare la vendita de béni Lascaris era gia preso, e che non vi manzavano che le signature degli amministratori. Volai da Massa, il quale non poteva opporsi a questa determinazione perchè si procedeva senza suo assenso e intervento.*

(2) Voyez les pièces sous les numéros 10, 11 et 12.

(3) Voyez, sous les pièces n°. 13, 14, 15 et 16, les différens extraits de lettres écrites par moi au citoyen Dabray, aux ministres de

Mais que pensera-t-on de ce représentant, lorsqu'on démontrera que la mauvaise foi est un des caractères qui le distinguent le plus? Dans une lettre qu'il a adressée au rédacteur du Publiciste le 30 ventose dernier, que celui-ci ne voulut pas insérer dans son journal, mais qui fut imprimée et répandue dans le département des Alpes maritimes , il dit que ces administrateurs ont accordé la radiation à plus de cinq cents vrais émigrés (1).

Le citoyen Oberty, un de ces administrateurs, informé de la publicité de cette lettre , répond sous la date du 28 germinal suivant (2) au citoyen Dabray, qu'il ment impunément à la vérité , et porte le nombre des rayés provisoirement à cent soixante , sur trois mille prévenus d'émigration.

Que fait le citoyen Dabray pour justifier son infidèle assertion ? il emprunte le tableau des radiations prononcées sous le régime de la réaction , il y ajoute celles qui ont été prononcées sous les administrateurs qui ont précédé les destitués ; et quelqu'effort qu'il fasse pour en grossir le nombre, en les réunissant, à peine arrive-t-il à le faire monter jusqu'à quatre cent trente-un dans quatre ans.

Qu'on fasse maintenant de ce tableau général la déduction de ceux dont les raditions sont antérieures à leur

---

la police et des finances, et à l'administration centrale. Il sera facile de juger dans quelle position se trouvoient alors les administrateurs du département.

Voyez aussi le reproche que Oberty fait à Dabray dans la réponse qu'il fit imprimer le 28 germinal. Elle est au nombre des pièces produites par ce dernier.

(1) Voyez la lettre sous le n°. 7 insérée à la suite de l'écrit de Dabray.

(2) Voyez la susdite réponse, pièce n°. 9, à la suite de l'écrit de Dabray.

installation ; qu'on en déduise les enfans de tout âge qu'on n'a pas voulu distinguer, et l'on verra si le citoyen Oberty n'a pas eu raison d'en fixer le nombre à cent soixante seulement.

Comme il s'agit de prouver dans cette réponse avec quelle impudence le citoyen Dabray cherche à pallier la mauvaise foi et l'injustice de ses accusations, je reléverai que c'est en parlant des vrais émigrés qu'il en porte le nombre à cinq cents, et cependant il ne peut pas contester que parmi les quatre cent trente-un dénommés dans le tableau inséré à la suite de son écrit, il y en ait qui ne le soient point, puisque lui-même a réclamé en faveur de plusieurs pour la radiation définitive, et notamment pour le père du premier réacteur du département qui, en l'an 5, montroit son poignard à l'assemblée électorale pour intimider les électeurs.

Si j'avois à justifier dans cette réponse les administeurs attaqués sur le point de ces radiations, je pourrois bien encore opposer aux assertions du citoyen Dabray la lettre du 23 fructidor an 5, et sa réponse du 3 vendémiaire an 6, qui, bien loin de prouver qu'il s'est toujours opposé aux radiations des prévenus d'émigration, justifie, au contraire, pleinement le reproche fondé du citoyen Oberty, de n'avoir parlé qu'au moment où il ne pouvoit plus rester indécis sur le parti qu'il prendroit dans la crise de fructidor.

Je pourrois encore ajouter que m'étant plaint à lui-même de ce que l'administration radioit avec trop de facilité des individus notoirement connus pour émigrés, quoique munis de certificats exigés par la loi, il témoignoit par des réponses évasives, qu'il ne s'en alarmoit pas, ou il gardoit le silence le plus parfait.

Toutes ces lettres étoient communiquées par lui au citoyen Massa son collègue, qui, encore plus que lui, acceptant les témoignages d'amitié de Boissy-d'Anglas et consorts, n'en faisoit pas plus de cas.

Ce ne fut que lorsque le frère de ce Massa lui annonça que le ci-devant *baron Ricci*, dont il avoit acheté pour peu de chose les biens à Sospello, avoit obtenu un pareil arrêté de radiation, au moment ; comme je l'ai déja dit, où les députés Dabray et Massa avoient pu sonder le terrein, et se jeter dans le parti qui promettoit le triomphe, qu'ils se gendarmèrent contre l'administration, et lui écrivirent une lettre dont la réponse blessa tellement l'orgueil de Dabray, qu'il lui répliqua en son seul nom celle qui se trouve transcrite à la suite de son écrit sous la date du 3 vendémaire an 6, et sous le n°. 16.

J'ai dit que le citoyen Dabray n'avoit pas été exact dans la production de la correspondance par laquelle il a cru pouvoir justifier toutes les assertions calomnieuses vomies contre les administrateurs.

Il a craint en cela de mettre à jour sa perfidie et sa mauvaise foi, et de blesser son ambition, s'il eût transcrit à la suite de son ouvrage la lettre qu'il adressa de Nice à Merlin le 15 brumaire dernier ; la réponse que le citoyen Oberty fit à celle du 29 germinal, rapportée sous le n°. 10, à la suite de l'écrit de Dabray. Il eût trop bien prouvé la vérité sur l'existence du plan concerté avec Massa, et le peu de ménagement et le mépris que s'étoit mérité le citoyen Dabray, de la part d'un homme auquel, quelqu'effort que l'on fasse pour flétrir sa réputation, on ne parviendra jamais à enlever le titre de républicain vertueux. Cette lettre du citoyen Oberty se trouvera transcrite à la suite de cette réponse sous la pièce n°. 18 ; elle sera précédée de celle que le citoyen Dabray écrivit le 2 pluviose audit citoyen Oberty (1), et

______

(1) Voyez pièce n°. 17 à la suite de cette réponse.

qu'il n'a pas cru devoir insérer à la suite de son écrit, pour ne pas se trouver en opposition avec les calomnies atroces que la perfidie dicte à ce député furibond.

Il entroit dans le plan des citoyens Massa et Dabray, de fermer au Directoire exécutif et à ses ministres toutes les voies par lesquelles ils eussent pu s'assurer des motifs qui faisoient agir ces deux ambitieux.

Rien donc ne fut épargné par eux pour rendre suspects auprès de ces autorités tous les fonctionnaires publics du département, tant dans l'administratif que dans le judiciaire, qui témoignoient le moindre mécontentement sur la destitution des adminitrateurs, et sur les infractions et actes arbitraires que se permettoit de commettre le commissaire central.

Administration municipale, tribunaux, commissaires du Directoire exécutif, juges-de-paix, accusateur public, etc., tous furent dénoncés, accusés tour-à-tour, par le commmissaire central et par son digne ex-collègue Dabray.

Celui-ci, en se permettant des propos injurieux contre plusieurs de ces fonctionnaires, porte son impudence si loin, qu'il ne voit pas ce que peut mettre à jour l'exorde des conclusions qu'il transcrit à la suite de son écrit, comme ayant été prononcées par lui sous l'ancien gouvernement contre le citoyen Pie Bernardi, actuellement accusateur public.

O aveuglement! ô témérité inouie du citoyen Dabray!

Eh! pourquoi taire le résultat de cette démarche auprès du ci-devant Sénat?

A-t-il cru le citoyen Dabray qu'on auroit oublié qu'il fut appelé à la barre dans cette occasion, et qu'il y essuya la censure et la réprimande sévère que lui méritoit un acte de la plus insigne méchanceté, dicté par l'esprit d'ambition que nourrissoit son ame, et qu'alimentoient alors , comme à présent , ses intrigues et ses animosités ?

Sa mémoire *féconde* n'auroit-elle pu lui rappeler que le 15 octobre 1792 , le citoyen Dabray fut au nombre des juges provisoires qui admirent le citoyen Bernardi dans l'exercice des fonctions d'avoué (1) ? Comment a-t-il pu oublier qu'en l'an 5 , et au commencement de l'an 6 , il s'est intéressé auprès du ministre de la justice , pour que ce même Bernardi reprît la place d'accusateur public , à laquelle il avoit été appelé par la même assemblée électorale qui nomma le citoyen Dabray législateur ? Un individu *décrété de prise-de-corps pour des prévarications commises dans l'exercice de procureur* pouvoit-il mériter de la part de notre avocat fiscal , qu'on lui répondît qu'il avoit bien fait de reprendre ses fonctions (2)? non : sans doute, s'il fût vrai qu'il eût commis des prévarications.

En réfutant l'écrit du citoyen Dabray, je ne laisserai échapper aucune des circonstances qui pourront le faire connoître aux yeux de ses collègues, auxquels il en a voulu imposer, jusqu'en supposant qu'il n'y auroit parmi eux aucun qui pût comprendre le sens des lettres italiennes qu'il produit pour premières pièces justificatives, comme ayant été écrites par lui au ci-devant sénat de Nice et au ministre du roi sarde, les 5 et 28 septembre 1792.

C'est pour prouver que le citoyen Dabray professoit sous l'ancien gouvernement des principes de républicanisme , qu'il a fait insérer à la suite de son écrit les deux pièces précitées ; mais que prouvent ces deux pièces à ceux qui ont pris la peine de les lire? elles ne prouvent rien plus que sa bêtise et un aveuglement

------

(1) Voyez la pièce sous le n°. 19.
(2) Voyez les pièces sous le n°. 20.

sans honte. Dans l'une, loin de souffrir qu'on lui impute d'être *irréligieux* et *démocrate*, il fait tous ses efforts pour que le moindre soupçon à cet égard ne plane point sur sa tête ; et en s'y plaignant des motifs de semblables recherches qu'il qualifie d'odieuses, il s'y exprime en espérant de faire disparoître jusqu'au plus petit nuage d'*imputations si malignes* ; il s'en croit tellement offensé qu'il déclare avoir porté *humblement ses doléances au souverain* par la voie du secrétaire d'Etat.

Est-ce professer des principes philosophiques et de démocratie, est-ce en produire la preuve que de tenir le langage exprimé dans sa plainte au ci-devant sénat de Nice ? Je ne vois au contraire dans cette pièce qu'un homme offensé d'être rangé injustement parmi la classe de ceux qui professoient effectivement ces principes (1). On auroit bien vu encore plus clairement que Dabray étoit un des plus fidèles esclaves du roi sarde ; et on l'auroit jugé, d'après les démarches finales qu'il avoit faites pour la recherche et punition de ceux qui s'étoient avisés de professer de tels principes, s'il eût voulu donner connoissance de ce qu'il appelle ses doléances humiliées au souverain.

Elle est encore bien plus singulière la preuve qu'il prétend établir de ses principes philosophiques par l'autre lettre du 28 septembre. Cette lettre écrite après la fuite de l'armée piémontaise du territoire de Nice, et antérieure d'un jour à l'entrée des Français, n'exprime-t-elle pas de la part de son auteur le regret de cette fuite ? et n'annonce-t-elle pas qu'il a fait *tous ses efforts pour la prévenir, même en s'exposant à des inculpations odieuses ?* Que sont-elles ces inculpations, si ce n'est

---

(1) Quand on professe sous un gouvernement monarchique de tels principes, on peut n'être pas blamable de les cacher ; mais on est pour le moins vil quand on s'en disculpe d'une manière aussi lâche.

Gastaud (des Alpes-Maritimes.)   B

celles dont il se plaint au ci - devant sénat de Nice ?

Que n'aurions-nous pas vu encore des principes qui caractérisoient le citoyen Dabray sous le régime de *son bon maître* (1), s'il eût voulu nous donner la suite de cette seconde lettre ? Mais pourquoi avoir l'air d'exiger de lui une plus forte preuve de ses principes, lorsque par les pièces qu'il produit, il justifie non-seulement qu'il étoit un des plus zélés serviteurs du roi qui le salarioit, mais qu'il a fait des efforts pour que *le coup* qu'il appelle *fatal* ne lui fit perdre *dans un clin d'oeil* le territoire de Nice ?

Mais le citoyen Dabray cite plusieurs circonstances où il a prouvé qu'il s'étoit compromis avec son despote.

En rendant hommage à la vérité, nous le rendrons également à l'esprit qui le dirigeoit dans ces circonstances.

Le citoyen Dabray, qu'une fumée de noblesse enorgueillissoit (2), passionné pour la chasse, avoit eu à se plaindre du ci-devant comté de Saint-André, lors de son commandement de la place de Nice, qui lui donnoit la jouissance de ce qu'on appeloit la réserve (3).

---

(1) C'étoit le titre honorable qu'il ne cessoit de donner à Victor Amédée dans toutes les occasions où il étoit besoin de le citer ; même dans celles où il croyoit avoir droit de se plaindre de ses ministres, de ce qu'on ne l'avoit cru jusques là point encore digne de la toge sénatoriale.

(2) Il étoit *vassal* de Monrolivo, montagne entre Eza et Villefranche. C'est ce que lui fit dire une fois au ci-devant comte de St.-André, qu'il étoit noble avant lui.

(3) Portion de territoire où la chasse n'étoit permise qu'à ceux qui en avoient obtenu la permission du commandant, ou du fermier de la réserve.

Une inimitié, entre cet ex-commandant et le ci-toyen Dabray, naquit du refus que lui fit éprouver le ci-devant comte de Saint-André, et s'accrut facilement entre eux, à raison des actes que se permettoit ce commandant, en empiétant sur les fonctions du citoyen Dabray.

L'un étoit trop écouté à la cour du roi Sarde, et l'autre étoit trop petit pour faire entendre sa voix; il eut même le désagrément de se voir menacé de la perte de la place d'avocat fiscal, ce qui l'irrita tellement, que lorsqu'il sut que l'armée austro-sarde avoit été mise sous le commandement de Saint-André, prévoyant qu'à cause même des fonctions que le citoyen Dabray avoit exercées à Nice, il ne pouvoit rester neutre, ni indifférent sous un régime qui menaçoit tous les fonctionnaires du despotisme; plus excité par l'intérêt mercenaire, et la haine envers St André, qui jouissoit des faveurs du roi Sarde, que par l'amour des principes démocratiques, il se jeta dans la révolution, en publiant quelques adresses toujours fort réservées envers le roi sarde. Les élections approchoient, et le citoyen Dabray, sentant le besoin de se prononcer contre le reproche que lui faisoient des patriotes, de n'avoir jamais attaqué que des êtres subordonnés au despote, émit l'adresse dont il rappelle dans son écrit quelques passages pour pouvoir aspirer avec plus de succès à être appelé à la Convention nationale par la première assemblée électorale.

Il ne le fut point à celle qui précéda la réunion du ci-devant comté de Nice à la République, qui ouvrit sa première séance le 4 janvier 1793; ce qui prouve que jusques-là le citoyen Dabray n'avoit pas encore acquis des titres pour mériter ce témoignage de confiance de ses concitoyens, et ce n'est pas sans raison qu'il a passé sous silence cette circonstance, qui est sans doute celle où le patriotisme a dû être plus particulièrement distingué.

Le citoyen Dabray, qui jusques-là n'avoit fait qu'une ou deux adresses pour s'y plaindre du *comte Saint-André*, ne fut point du nombre des membres de cette assemblée, qui ayant reçu des pouvoirs illimités, s'érigea en Convention des colons Marseillois, et n'appela le citoyen Dabray à la place de ministre de la justice, que plusieurs jours après avoir déclaré la déchéance du roi Sarde. Qu'il ne dise donc pas, le citoyen Dabray, qu'il a fait exécuter ce décret de déchéance. Ce décret fut le premier acte de la Convention Niçoise, autrement appelée des colons Marseillois; titre que les patriotes avoient cru devoir prendre pour faire taire la jalousie mercantile des négocians de Marseille, et intéresser les habitans de cette influente commune en faveur de la réunion du ci devant comté de Nice à la République, réclamée par ce même décret.

La publication de cet acte qui fit disparoître de l'assemblée plusieurs de ses membres, parce qu'il étoit regardé par eux comme compromettant leur existence, fut mon unique ouvrage. Ce fut moi qui le rédigeai, après avoir fait la motion pour la déclaration de cette déchéance, et qui le fis imprimer et afficher dans la nuit du 4 janvier 1793, pour que la crainte qu'avoient témoignée quelques - uns de mes collègues, ne pût plus être écoutée, ni opérer le rapport d'un acte qui décidoit du sort de tous les patriotes, et les intéressoit tous à le soutenir (1).

---

(1) Ce décret, qui devoit être signé par le président et les secrétaires, du nombre desquels j'étois, ne le fut point par le citoyen Benza, autre secrétaire. Il en fut tellement épouvanté, qu'au sortir de la séance, tout tremblant, il eut à me dire : Qu'avez-vous fait, Gastaud ?

Je me serois abstenu d'entrer dans tous ces détails, notamment pour ce qui me regarde, si le citoyen Dabray n'eût voulu s'attribuer le mérite d'une exécution qui n'étoit que dans la publication qui n'avoit pas eu besoin de son intervention, parce qu'il n'existoit alors point encore de pouvoir exécutif provisoire.

Le citoyen Dabray , toujours modeste dans son écrit, ne laisse pas ignorer à ses commettans les *dangers qu'il a courus par ses démarches contre la cour de Turin.* Il pousse cette modestie jusqu'à leur dire que c'est pour le soustraire *aux emissaires de cette cour, qu'ils se déterminèrent à le députer à la Convention nationale,* comme s'il y avoit eu plus de danger pour lui de rester à Nice, au milieu d'une armée de républicains, qu'il y en a eu pour ceux qui le nommèrent, et qui sans contredit s'étoient tout au moins aussi bien prononcés que lui en faveur des Français.

Et où a-t-il pris que ce fût pour conserver ses jours (précieux, sans doute), qu'il fut nommé à la Convention, si ce n'est dans sa délirante imagination ? Auroit-il eu le dessein vaniteux de cacher ou excuser son ambition attestée par le suffrage qu'il s'étoit donné ? où voudroit-il encore en imposer à ceux qui ignorent tout ce qu'il a fait pour la satisfaire ?

C'est ici encore le lieu de la signaler , et de parler *du beau carrosse Lascaris, qui, quoique sous séquestre au nom de la nation, n'a pas moins fait le voyage de Paris avec un des destitués et le représentant Gastaud ; il est devenu ensuite un objet de spéculation financière par la vente*

<hr>

vous êtes un homme perdu. Eh bien ! ce citoyen Benza, qui par la suite a encore voulu prouver qu'il ne cessoit d'être un des plus fideles serviteurs du roi en faisant émigrer son fils , est un de ces hommes que les citoyens Dabray et Massa ont fait mouvoir dans l'affaire Lascaris en lui promettant protection pour la radiation de son fils, etc , etc.

qui en a été faite dans cette dernière ville. Ces détails me meneroient trop loin. Ce sont les propres expressions du citoyen Dabray, consignées dans son écrit.

Ce représentant a bien raison de dire que *ces détails le meneroient trop loin :* ils le meneroient à prouver qu'il est difficile de ne pas voir qu'il a pactisé avec le crime, lorsqu'il ne craint pas de dénaturer un fait qui constitue la culpabilité de ceux qu'il défend (1).

------

(1) Il est vrai que le citoyen Gastaud est venu à Paris dans un carrosse ayant appartenu à l'émigré Lascaris ; mais voici comment. Les citoyens Benza et Ferogio, chargés de pouvoirs des prétendus héritiers de la riche succession dudit émigré, obtinrent de l'administration centrale du département l'administration des biens, meubles et immeubles de ladite hoirie, moyennant caution et soumission de les représenter toutes les fois qu'ils en seroient requis.

Parmi les meubles dudit émigré, dont il fut dressé inventaire dans le temps, il y avoit le carrosse dont il est ici question.

François Ferogio, un des fondés de pouvoirs, déterminé à venir à Paris pour solliciter la radiation dudit émigré, offrit au citoyen Gastaud de l'accompagner, avec deux autres citoyens qui, desireux de voir Paris, profitèrent de la circonstance pour y venir plus commodément et avec moins de frais. Je ne demandois pas mieux que d'avoir compagnie ; mais il fut convenu que chacun des voyageurs contribueroit proportionnellement aux frais. Ferogio qui avoit offert ce carrosse pour l'exécution de ce voyage, et dont l'intention étoit de le ramener, fit néanmoins sur ma demande, et de concert avec le citoyen Benza, autre procureur fondé, procéder par les voies légales, et avec l'agrément de l'administration centrale, à la vérification de l'état dudit carrosse, et à son estimation. Ce fut le citoyen Gilli, maître des postes à Nice, qui l'évalua à 720 francs. Il eut besoin de quelques réparations qui furent payées par le citoyen Ferogio, et qui les porta en compte aux autres voyageurs. Arrivés à Paris avec ce carrosse qui avoit eu également besoin de nouvelles réparations, qui furent aussi payées du fonds qu'avoient fourni à l'un d'eux les quatre voyageurs, on le remisa dans la cour de l'hôtel où ils étoient venus loger. Un mois environ après, un des voyageurs, le citoyen Barau, dut partir pour toute autre destination que pour celle de Nice. Restèrent les citoyens Ferogio et Payany qui, déterminés peu de temps après à retourner à Nice, crurent qu'il étoit trop dispendieux pour eux de faire ce retour avec le carrosse Lascaris.

Que le citoyen Dabray dise où le meneront les détails exacts que nous fournissons, sinon à constater que le prix de ce carrosse est entre les mains de son ami Férogio, et que rien n'a été fait jusqu'à présent pour le forcer à en vuider ses mains dans la caisse de la nation, parce que cette somme fait portion du partage convenu entre ceux qui doivent coopérer à la radiation de l'émigré Lascaris. Le citoyen Dabray est un de ces coopérateurs par l'intérêt qu'il y a pris et qu'il y prend (1). Il sera donc copartageant non-seulement

---

On vouloit m'en charger pour le renvoyer à Nice par la première occasion : je refusai cette commission, ce qui détermina le citoyen Ferogio à le vendre. Ce qui parut engager encore plus Ferogio à cette opération, ce fut un peu la détresse de fonds. On fit cette vente, et ce fut pour 408 francs, dont 24 furent donnés pour ses peines au médiateur. Le produit net de ce carrosse fut réduit à 384 francs. Ferogio reclama avec raison des autres voyageurs la différence qui résultoit du prix de l'estimation à celui de la vente : elle étoit de 336 francs. Il fut donc demandé à chacun 84 francs pour remplir cette différence ; et comme il pouvoit arriver que l'administration centrale ou les héritiers Lascaris, en cas de radiation, eussent demandé la représentation du carrosse, ou une plus forte valeur que celle de l'estimation, Ferogio demandoit en outre la soumission de le relever solidairement, pour la portion de chacun, de toute recherche ultérieure qui pourroit lui être faite à cet égard. Il n'y avoit en cela rien de plus juste, et on avoit même déja dressé en faveur de Ferogio, le seul qui représentoit le propriétaire de ce carrosse, la soumission demandée. Le citoyen Gastaud cependant, qui vouloit ne laisser aucune queue sur une affaire de cette nature, proposa au citoyen Ferogio 144 francs pour être déchargé de toute obligation en ce qui pouvoit concerner sa portion ; ce qui faisoit monter le prix du carrosse à 240 francs audessus de l'estimation. Ils furent acceptés par Ferogio, et payés par le citoyen Gastaud. La preuve en est consignée dans le témoignage de ceux qui ont assisté à cet arrangement, dans celui du citoyen Dabray, s'il vouloit être de bonne foi, et dans la note écrite de la main de Ferogio.

(1) Voyez les expressions de sa lettre du 30 ventose dernier au

B 4

du prix du carrosse , mais encore de la corbeille d'argenterie , et des 24,000 fr. énoncés dans sa lettre cotée n°. VII , à la suite de son écrit.

Il le sera encore des sacs d'argent qui furent transportés à Menton chez le frère du citoyen Massa , commissaire central.

Voilà où *mènent les détails qui l'eussent porté trop loin.*

Je dois encore relever , pour mieux démasquer l'imposture et la perfidie du citoyen Dabray , que là où il parle du *carrosse Lascaris*, c'est avec astuce qu'il confond la destitution du citoyen *Payany* avec celle des citoyens *Oberty , Donny* et *Scudery* : l'une est antérieure au moins de deux mois à celle de ces trois administrateurs , et a pour motif d'avoir favorisé les émigrés ; l'autre est du 29 frimaire , et frappe des fonctionnaires pour deux objets , l'un pour le crime qu'ils n'ont pas voulu laisser commette au commissaire central dans l'affaire *Lascaris* , l'autre pour celui des deux ministres de l'ancien Directoire exécutif.

Le motif qui lui fait confondre ainsi ces trois administrateurs avec le citoyen Payany , est toujours celui d'un homme de la plus mauvaise foi.

Il sait parfaitement que j'ai toujours séparé la cause de ceux-ci de celle du citoyen Payany ; il veut les réunir ensemble pour pouvoir dire , dans le cas où il apparoîtroit coupable , il a été défendu , comme les citoyens Oberty , Donny et Scudery , par le représentant Gastaud.

Non , le citoyen Dabray ne trouvera dans mes écrits ni dans mes propos aucune trace qui indique que j'aie pris sa défense ; mais il ne trouvera pas non plus que je l'aie inculpé par les motifs exprimés dans l'arrêté ini-

----

Publiciste. On verroit bien mieux encore dans celles qu'il a adressées au ministre de la police pour opérer cette radiation.

que du Directoire exécutif, quelle que soit la diffé
rence que je doive faire entre lui et les administrateurs
qui s'en trouvent frappés.

Mais puisque le citoyen Dabray a parlé du carrosse
Lascaris comme d'un mobilier qui, étant sous la main
de la nation, ne pouvoit, suivant lui, servir à conduire
à Paris le représentant Gastaud; après lui avoir fourni
les détails qu'il craignoit qu'ils le menassent trop loin,
disons-lui : eh! comment y êtes-vous venu, vous et
votre digne ex-collègue Massa en 1793 ? n'est-ce pas
avec un carrosse d'émigrés ? Qu'est-il devenu ce carrosse ? Auriez-vous offert de le représenter ? ou en avez-
vous payé le prix ? et de quelle monnoie? je vous le
dirai : avec la lettre insolente que vous écrivîtes alors
contre moi au directoire du département, qui vouloit
que vous ne pussiez en user sans au préalable en avoir
reçu l'autorisation, et que la soumission de le représenter en l'état, où il vous seroit remis, fût passée.

Votre orgueil fut tellement blessé en cette occasion
que, dans la lettre que vous écrivîtes, le délire vous fit
parler un langage qui vous convenoit d'autant moins,
que vous en fûtes puni par la réponse que vous trouverez transcrite à la suite de celle-ci (1).

Vous aviez déja reçu un exemple qu'on n'attaquoit pas
impunément des citoyens, qui, quoique non patentés par
le collège des Provinces à Turin, pour vingt à trente
livres pesant de chocolat, étoient encore en état de démasquer votre orgueil et votre impudente témérité.
Ils l'eussent même fait sous le régime de l'inégalité;
et vous osez, sept ans après, attaquer le même individu
dans sa réputation, parce que vous êtes représentant,
parce que vous avez l'inviolabilité, parce que vous êtes

____

(1) Voyez la pièce sous le n°. 21.

contrarié dans vos projets, parce qu'enfin vous n'avez plus auprès de vous l'esclave de vos passions (1) !

Ne savez-vous pas que Gastaud est inattaquable, et sur-tout auprès de ses commettans, et que tout le poison que vous puiseriez dans votre cœur ulcéré, ne pourroit lui porter la moindre atteinte ?

S'il a une honnête fortune, elle est en grande partie de biens nationaux qu'on lui a donnés ; car il appelle donner, obtenir pour vingt, ce qui vaut plus de cinquante.

Est-ce lui qui a fait baisser les assignats pour payer avec le revenu d'une ou deux années le prix de ses acquisitions ? Est-ce encore lui qui a provoqué la loi du 28 ventose ? Parlez, homme vil et ingrat.

Montrez les lettres qu'il vous écrivoit à cette occasion, et avant même l'émanation de la loi.

Ne vous disoit-il pas que la République eût tiré grand parti de ces biens, si, au lieu de les donner au tiers et au quart du prix d'estimation, on les eût fait vendre aux enchères ?

Ne vous ajoutoit-il pas qu'il parloit contre ses propres intérêts, parce qu'il étoit déterminé, au cas que la loi eût lieu, à ne pas être des derniers à profiter des sacrifices que faisoit la Nation ? mais comme ce n'étoit pas ceux-là, mais ceux de la République qui le dirigeoient, il parloit le langage de son cœur, et vous ne parliez dans vos réponses, comme dans vos procédés, que celui d'un homme double, en l'excitant à forcer ses acquisitions pour lui en faire un jour le reproche.

Il ne sera pas hors de propos de parler de la fortune

____

(1) Tout le mérite de Massa auprès de Dabray étoit qu'il se laissoit diriger par lui, et qu'il signoit, sans les lire, les lettres qu'il écrivoit au nom de la députation.

du citoyen Dabray, et de la comparer avec celle du citoyen Gastaud, qu'il dit être à présent le *Crésus de Nice.*

Nous viendrons ensuite sur le titre de débiteur failli, et sur son état de nudité.

Que faut-il pour n'être pas le Crésus du pays?

Il faut, à ce que je crois, ne pas excéder la fortune de cent mille francs, à laquelle le citoyen Dabray fixe *le résidu du patrimoine de sa famille, y compris à-peu-près un cinquième en dots et pensions,* ce qui le réduit au capital net de 80,000 francs.

Eh bien! sans vouloir entrer dans des détails qui m'entraîneroient à des explications que je ne dois pas à lui, c'est pour cette somme de 80,000 francs, que je me dépouille volontiers de cette *fortune colossale* qui a tant frappé les yeux du citoyen Dabray. J'en fais ici la promesse, et j'y joins celle de prouver qu'elle ne vaut pas 70,000 francs au prix de l'estimation.

Que résulte-t-il donc de l'assertion de ce représentant? Il résulte que de son propre aveu, il seroit lui-même le Crésus de Nice, puisqu'il fixe son patrimoine à une somme supérieure à celle de toutes mes propriétés.

Je me garderai cependant bien d'admettre que le résidu de son patrimoine, s'il en excepte le numéraire qu'il peut avoir amassé depuis qu'il est représentant, puisse être fixé à la somme de 100,000 francs. C'est encore de sa part un de ses actes de la plus ridicule vanité. S'il en étoit autrement, cela ne feroit que prouver son peu de délicatesse. Il a la patience de souffrir que ses propriétés ne soient imposées que sur un revenu net de 1,127 francs 3 sous 9 deniers (1), ce qui

______

(1) Extrait des registres de la matrice du rôle de la commune de Nice, article 764.

Joseph Seraphin Dabray. Revenu net 1,127 fr. 3 s. 9 d.

au denier vingt, ne formeroit qu'un capital de 22,543 fr. 15 sous, et gréveroit les propriétés de ses concitoyens d'une contribution, sur le pied du tiers auquel elle est payée actuellement à Nice, de la somme annuelle de 1,290 francs 11 sous 9 den.

C'est bien le moins que puissent payer les seuls contribuables de la commune de Nice, à la décharge de leur mandataire le citoyen Dabray, pour les services qu'il leur rend chaque jour.

Mais, que nous importe que le citoyen Dabray fixe son ancien patrimoine à 100,000 francs ; qu'il l'ait encore accru de l'acquisition d'un immeuble national du revenu de 240 francs, y compris les impositions ; que ces impositions soient acquittées par lui-même pour ses fermiers et métayers ; qu'il porte ses économies sur les indemnités de représentant, lorsqu'il aura fini sa session, à la modique somme de 12 à 15,000 francs ; qu'il veuille ou ne veuille pas employer cette somme à réparer les dommages, qu'il dit lui avoir été causés en 1793, en lui déracinant pour la marine de Toulon les gros chênes qui soutenoient des torrens contigus à ses propriétés principales ; qu'il se déclare ensuite déchu en faveur de celui qui prétendroit que son avoir fût plus conséquent !

Tout cela nous deviendroit bien indifférent, si nous n'y découvrions le double but, celui de passer pour un homme aisé sous le régime de l'inégalité, pour modeste et discret dans ses acquisitions, pour raisonnable et généreux envers ses fermiers et métayers, pour économe et désintéressé en même temps dans les épargnes qu'il fait, pour indifférent ou peu sensible aux dégradations de ses propriétés, et pour exact et véridique dans l'évaluation qu'il en a faite. Mais par tout ce que nous avons observé, et par ce que nous observerons à la suite de ce mémoire, il est plus que prouvé qu'il étoit bien loin de l'aisance , puisque , avare comme il a toujours été , il n'a pu acquitter les dettes les plus criantes que depuis deux ans ; qu'il n'a été modeste et discret dans ses acquisitions que par défiance ou nécessité ; qu'il n'y a aucune générosité à payer des impositions que les fermiers ni les métayers ne doivent point , ne pouvant être prises que sur le revenu net , et non sur le produit de leur sueur ; qu'il ment à la vérité , lorsqu'il porte ses économies de 12 à 15,000 francs , quand il ne dépense annuellement de toutes ses indemnités que tout au plus 3,600 francs ; qu'il est faux que les réparations à faire à ses propriétés principales exigent le sacrifice de ses économies au taux même qu'il les a fixées ; qu'il est plus que vrai que le seul intérêt de six mois du numéraire, qu'il a placé agiotiquement, est plus que suffisant pour le couvrir de ce sacrifice , qui n'est au surplus point encore décidé ; et qu'il n'y a finalement aucun dans le département qui veuille lui contester d'avoir possédé un patrimoine n'excédant pas 100,000 francs , lorsque tous savent que c'est par vanité qu'il l'a ainsi évalué.

Que nous importe également d'être rangé dans la classe des opulens , lorsque cette prétendue opulence , fût-elle existante , n'a point été cachée dans les mains des agioteurs , et n'est pas inquiète des moyens de justification, quelle que soit la circonstance où il plairoit au Corps législatif de les demander ? Nous ajoutons même que nous le desirons depuis long-temps , et que nous ne ferons valoir pour cette justification, en ce qui nous concerne , ni des bénéfices mercantils faux ou réels , ni des gratifications , ni des gains même licites dans les variations des valeurs numériques , ni enfin rien qui porte l'empreinte de la supposition ; mais uniquement l'accroissement périodique de la médiocre fortune qu'une économie désintéressée , jointe à la dépréciation du papier - monnoie , ont pu occasionner.

Nous prouverions alors que *notre état de nudité et de vraie faillite* étoit tel, il y a quatre à cinq ans, qu'en 1793, long-temps avant que nous eussions fait la moindre acquisition en bien national , et lorsque nous étions non-seulement membre du directoire du département, mais encore le commissaire délégué par lui, pour, conjointement à ceux que le directoire du ci-devant district et la municipalité de Nice avoient choisis, dresser le tableau des contribuables à l'emprunt forcé de 5oo,ooo livres , mon épouse et moi nous fûmes imposés à la somme de 15oo livres que nous payâmes exactement, lorsque le citoyen Dabray , qui se trouvoit couvert d'un habit de velours , ne le fut qu'à deux ou trois cents francs , quoique *riche à cent mille francs* , et jouissant au surplus des indemnités de représentant.

Nous prouverions encore . . . . mais qu'est-ce que nous ne prouverions pas de l'aveu même du citoyen Dabray , si le témoignage d'un homme tel que lui , perdu d'honneur et de réputation , pouvoit ajouter quelque degré d'authenticité à tout ce que nous savons ?

Ce déhonté toujours de mauvaise foi , quelle qu'ait été son opinion à l'égard du citoyen Oberty , avant que celui-ci blessât son amour propre par les lettres qu'il m'écrivoit après sa destitution , et que je communiquois au citoyen Dabray pour lui faire sentir les vérités qu'elles renfermoient, a poussé sa fureur si loin, qu'il n'a plus fait de distinction entre lui et les autres administrateurs inculpés , quoiqu'il se fût expliqué maintes fois à moi, comme à d'autres Niçois qui se trouvoient à Paris, qu'on n'avoit rien à reprocher à ce citoyen , ni sur sa probité , ni sur son civisme ; que Massa lui-même, et le citoyen Guide son confident lui avoient rendu toute la justice qu'il méritoit, en ajoutant qu'il étoit trop de bonne foi. Ce qu'il y a de plus remarquable dans la fureur de cet enragé, c'est que le citoyen Payany, qui seroit dans l'affaire *Lascaris* le seul coupable, s'il pouvoit être vrai qu'il eût traité avec *Ferogio* et *Massa* la radiation de cet émigré, ne se trouve attaqué par lui qu'avec les ménagemens que lui a mérités la résignation avec laquelle il a subi la persécution de ces forcenés.

Ne diroit-on pas que le citoyen Dabray a voulu nous prouver par là toute la grandeur de son ame? Elle ne voit presque plus de crime, là où il n'y a plus que l'homme lâche ou peureux.

Le citoyen Dabray a cru peut-être m'offenser en me désignant comme défenseur officieux des administrateurs destitués; il veut me faire *partager la gloire de leurs exploits*, après les avoir traités de fripons, et c'est à ses commettans qu'il fait cette déclaration.

Eh! citoyen Dabray, ce n'est pas seulement en défenseur officieux, mais en représentant du peuple, membre de la députation des Alpes maritimes, que j'ai réclamé, et que je ne cesserai de crier à haute voix contre l'injustice de l'arrêté qui les a frappés de destitution. Ce ne sera pas vous, ni le citoyen Massa, ni tout autre que la justice et la raison qui atténuerez ma voix. Vous m'intimiderez encore moins par vos imputations. Quelqu'effort, que vous fassiez pour persuader que tout autre motif que celui de défendre l'innocence ait pu me diriger dans cette occasion, comme dans toute autre, vous échouerez auprès de vos commettans; fussent-ils même reconnus coupables, ceux que vous poursuivez avec autant d'acharnement, ces commettans, qui ne sont pas moins les miens, ne me feroient pas l'injure de supposer un instant que j'avois intérêt à les défendre. J'arrive même jusqu'à me flatter que tout moyen de justification me seroit interdit par eux, si on osoit s'aviser seulement de jetter le moindre soupçon à cet égard. Ce seroit à qui prendroit ma défense dans une semblable occasion, et c'est parce que la réputation d'honnête homme n'est pas un titre qu'on puisse acheter. Ce n'est pas non plus en vendant à des malheureux des conclusions d'avocat fiscal qu'on a pu l'acquérir : elle est le patrimoine des hommes purs ; ceux qui s'abreuvent d'injustice et de fureur ne peuvent y participer.

Qu'il est beau de se voir rappeler par le citoyen Dabray l'époque *glorieuse* de sa nomination à la Convention ! L'histoire des manœuvres qu'il employa pour y parvenir sera le juge de la modestie d'un homme qui pousse l'impudence au point de vouloir faire accroire qu'il n'accepta les fonctions de législateur que *pour complaire à son collègue Massa*. Ce collègue sollicitoit sans doute le citoyen Dabray, un mois et plus avant l'ouverture des assemblées électorales, d'accepter une nomination qu'il croyoit certaine, en même temps qu'il écrivoit de toute part dans le département de lui donner pour collègue *l'estimable Dabray*. Il falloit bien qu'il lui fût vraiment *estimable* pour faire un effort en correspondance qui surprit tous ses commettans. Ceux-ci n'avoient vu dans cinq ans point encore l'écriture de Massa, si ce n'est à Menton dans quelques lettres qu'il avoit écrites à son frère Alexandre.

Le citoyen Dabray étoit tellement envieux de recueillir de nouveaux lauriers (1) dans une nouvelle mission de trois ans, que, craignant qu'on eût pris littéralement le sens d'une lettre qu'il avoit écrite quelques mois auparavant, pour dire qu'il voyoit avec

---

(1) Les indemnités de représentant.

plaisir

plaisir approcher le terme de sa mission , il fit courir sa sœur chez tous les citoyens influens, et particulièrement chez les électeurs, pour leur communiquer que le citoyen Massa, son collègue , l'avoit décidé à rester, si le choix des électeurs pouvoit se fixer sur lui. Cette *modeste* explication nous fut également donnée par le citoyen Dabray dans quelques-unes de ses lettres, quoique nous n'en eussions pas besoin pour connoître ses intentions.

Effectivement , comment pouvoit-il , le citoyen Dabray, avoir besoin d'être pressé par son collègue Massa pour être conservé représentant ; lui qui , en 1793 , porta sa modestie jusqu'à se donner son propre suffrage, par crainte de manquer son élection ? Il fit plus dans cette occasion : il sut qu'on lui donnoit des concurrens , et ce fut un motif pour lui d'employer tous les moyens qui pouvoient les diminuer. Un effort de prodigalité rassembla dans un dîner tous les électeurs plus influens ; et, craignant encore de n'avoir pas la majorité, je fus un de ceux qui, désignés pour candidats par un certain nombre de votans, éprouvèrent les premiers traits de sa méchante ambition. Elle lui suggéra de faire circuler sourdement que je ne pouvois pas être nommé, parce que j'étois, disoit-il, débiteur failli.

Cela me parvint à l'oreille : je n'en témoignai de ressentiment que parce que je lui avois donné ma voix (1), et que j'avois encore coopéré à ce que d'autres électeurs lui donnassent la leur. Je n'avois cependant participé à aucun de ses dîners.

____

(1) Ce qui m'engagea à voter en sa faveur, ce fut l'inimitié qui régnoit entre lui et le ci-devant comte de St.-André , qui commandoit déja depuis quelques mois l'armée austro-sarde. Cette inimitié me con ia une garantie suffisante qui me décida.

Gastaud (des Alpes-Maritimes.)　　　　　C

Maintenant, je demanderai au citoyen Dabray : seroit-ce encore pour prévenir le reproche de bassesse que vous avez si justement mérité, en me qualifiant de débiteur failli, que vous poussez l'hypocrisie aujourd'hui, jusqu'à feindre de croire que je l'étois ? Le crûtes-vous, quand, en messidor an 5, vous repoussâtes cette inculpation portée, par celui qui vouloit me supplanter, au ministère de l'intérieur (1) ?

J'étois débiteur failli ! et pourquoi m'avez-vous proposé en l'an 4 pour commissaire central ? Pourquoi m'avez-vous laissé exercer dans les assemblées politiques les droits de citoyen, qui se trouvoient par là suspendus ? Pourquoi, depuis que devenu familier avec les directeurs que vous serviez, et desquels vous obteniez, disiez-vous, comme vous dites à-présent à l'égard de quelqu'autre, tout ce que vous demandiez, ne m'y avez-vous pas dénoncé pour qu'ils provoquassent mon expulsion du Corps législatif ? Pourquoi, du moment que vous m'avez vu en opposition avec vous, méchant et vindicatif comme vous êtes, avez-vous pu vous retenir de me dénoncer dans le sein même du Conseil où vous siégez ? Pourquoi. . . . . . ?

Pourquoi ! je vous le dirai moi-même : c'est parce que vous êtes un imposteur, un lâche, un ambitieux déhonté, et enfin un homme déguisé sous toutes les couleurs.

Eh ! que ne disiez-vous plutôt que vous étiez de la caste et au nombre de ceux qui, dans le ci-devant comté de Nice, naissoient, vivoient, mouroient et se reproduisoient en état permanent de faillite ? Vous, sur-tout, avocat fiscal, vous aviez ce droit par la

---

(1) Voyez, sous la pièce n°. 22, ce que j'écrivois à Dabray, qui venoit de me transmettre la réponse que lui et Massa avoient faite au ministre. Que je suis fâché de ne pas l'avoir auprès de moi !

terreur que vous inspiriez à ceux qui vous demandoient d'être payés?

Eh ! qui a osé sous l'ancien gouvernement vous faire assigner, quoique vous eussiez un arriéré de quatre, de six et même de douze ans de dettes criardes, même envers les établissemens des pauvres, et plusieurs autres de vos créanciers?

Eh ! ne seroit-ce pas aussi pour vous soustraire à la poursuite de ces créanciers sous le régime qui a succédé à celui de vos rapines fiscales, que vous auriez cherché à vous éloigner du pays avec le caractère d'inviolabilité?

N'est-ce pas en l'an 5 que vous avez payé à la Miséricorde (1) les intérêts de douze ans du capital que vous lui devez? et vous osez parler de débiteur failli !

Puissiez-vous avoir les sentimens qui m'ont toujours animé ! vous ne vous exposeriez pas à entendre des vérités qui vous paroîtront dures, mais qui ne sont pourtant que le prélude de ce que vous méritez !

Puissiez-vous être aussi délicat et aussi exact que je l'ai été à satisfaire mes engagemens (2) ! vous n'eussiez pas vécu aux dépens de quelques malheureux que vous dépouilliez, et de ceux qui vous craignoient.

Vous ne trouverez nulle part que j'aie usé de mes fonctions pour retarder d'un seul jour le paiement de ce que je pouvois devoir. Je n'en remplissois aucune sous l'ancien gouvernement, parce que j'étois roturier, fils d'un honnête artisan; vous étiez vassal (3), et plus

---

(1) Établissement des pauvres à Nice, jadis sous la direction des pénitens noirs.

(2) Voyez les pièces sous les numéros 23, 24 et 25.

(3) Premier échelon de noblesse qui dispensoit des lettres d'habilitation pour l'acquisition d'un fief.

encore avocat fiscal, et vous étiez par conséquent autorisé à dire à vos créanciers : *si vous ne voulez pas attendre, allez-vous en ; j'ai à ma disposition des sbires pour vous rendre traitables et vous mettre à la raison.*

Et quel sera donc le citoyen qui pourra se garantir des calomnies que vous vomissez, si vous osez qualifier de débiteur failli celui qui, au milieu des brigands décorés de la toge sénatoriale (1), trahi et volé par deux autres brigands, vos amis particuliers (2), donne le premier l'exemple de la plus étonnante (3) intégrité ; vend les plus belles de ses propriétés pour payer les vols qu'on n'a pu lui restituer en entier, par la raison que vous et tant d'autres les protégiez, et les aviez partagés ?

---

(1) Il y avoit moins de danger de tomber entre les mains des voleurs de grand chemin, que dans celles des sénateurs, officiers consulaires, et leurs alentours. La corruption de ces hommes étoit à un si haut degré, que le débiteur rusé, le commerçant fripon et le voleur forcené y étoient encouragés, soutenus et protégés, s'ils étoient généreux ou tant soit peu raisonnables envers eux.

(2) Ange Giraudy, Octave, Mᵉ. Audiberti. Le citoyen Dabray étoit intime du premier, et caressoit le second par le talent qu'il avoit de faire des dupes. Les îles du Var, où le citoyen Dabray alloit assez souvent à la chasse avec le premier de ces brigands, attestent cette intimité, etc.

(3) Je dis *étonnante* avec d'autant plus de raison, que Nice, devenu le foyer des banqueroutiers et autres voleurs étrangers, ne voyoit depuis quelque temps que trop d'imitateurs parmi ses commerçans. On étoit excité, par les conseils de ceux-là même qui étoient chargés de réprimer ce brigandage, à s'enrichir, ou tout au moins à se tirer d'embarras aux dépens de ses créanciers toutes les fois qu'on pouvoit alléguer le moindre revers. Le citoyen Gastaud fut traité d'imbécille et mis en dérision, pour avoir osé faire le sacrifice de la meilleure partie de ses propriétés à des sentimens de vertu, qu'on s'est avisé d'appeler même quelquefois préjugés, tant étoit outrée la corruption parmi les magistrats.

Qu'il est vil ce Dabray, quelqu'effort qu'il fasse pour cacher ses vrais sentimens !

Il cite la lettre du citoyen Villaret, écrite de Turin, le 6 pluviose dernier. Il trouve, dans les expressions de cet homme, avec lequel il ne veut cependant pas partager l'exagération des principes ; il trouve, dis-je, la sanction des changemens opérés dans les autorités constituées du département. (1) Il ne transcrit de sa lettre que ce qui lui paroît pouvoir venir à l'appui des inculpations lancées contre elles ; et il s'arrête là où il ne voit plus que les cris d'un fameux intrigant, et la liste de ceux qu'il dit être ses amis, peut-être parce que parmi eux le citoyen Dabray voit figurer les mêmes hommes avec lesquels il est étroitement lié aujourd'hui pour l'exécution de ses projets, quoiqu'au commencement de l'an 6 il n'ait cessé de déclamer contre eux, en les honorant des qualifications les plus odieuses, toujours communes à la sublime plume du citoyen Dabray.

Je ne m'arrêterois pas, si je voulois analyser et combattre toutes les absurdités transmises à la postérité par le libelle honteusement fameux du citoyen Dabray.

Mon but est de répondre aux calomnies qu'il a vomies contre moi, et d'en faire connoître l'auteur dans tout son éclat : je vais achever de le remplir.

Je ne m'occuperois pas de développer ici les motifs qui ont engagé le citoyen Dabray à publier qu'il a été signataire de ce qu'il appelle la déclaration qui devoit éclairer les Français ; que le hasard sauva ses jours après treize mois de détention ; qu'il fut conservé au Corps législatif par l'assemblée électorale de France ;

---

(1) Pour la gloire et l'honneur du sanctionneur, nous fournirons, pièce n°. 26, une esquisse des sentimens parriotiques qui le dirigent.

que le malheureux Louvet annonça dans son journal que l'ex-conventionnel Dabray, un des soixante-treize et l'ennemi constant des réacteurs, avoit été réélu en l'an 5 par son département; qu'il correspondoit régulièrement sur les affaires publiques avec les agens d'exécution, et sur-tout avec moi; qu'il m'avoit fait nommer commissaire près l'administration centrale; que c'étoit donc par eux qu'il connoissoit essentiellement l'état des choses du département;

Que, le 21 messidor de la même année, le ministre de l'intérieur écrivit à lui et à Massa que j'avois été dénoncé comme partisan du régime de Robespierre, comme généralement détesté, et comme débiteur failli, ne payant aucun de ses créanciers, quoique devenu millionnaire depuis la révolution; que, quelque temps après le 18 fructidor, le même ministre demanda leur avis sur les nombreuses plaintes qu'on lui faisoit contre les administrateurs Donni, Payani, Oberti, Scudery et Hancy;

Qu'enfin, le ministre de la police générale, le 29 frimaire an 6, écrivit à la députation que des républicains de la commune de Nice avoient adressé une pétition au Directoire exécutif, où ils faisoient vingt-un chefs d'accusation à l'administration centrale, et l'invita à lui transmettre des renseignemens qui pussent lui servir dans le rapport qu'il devoit en faire; qu'ils se déterminèrent, sur les bruits d'inconduite qui leur étoient parvenus, à proposer la destitution de Scudery et Hancy, qui leur parurent les plus coupables; et que la destitution successive de l'entière administration malversatrice, y compris le commissaire prévaricateur, n'eut pas lieu à la fin de germinal suivant, quoique déja décidée par le ministre de la police générale, parce que, dit-il, tout avoit été disposé et avoit concouru à ce que le citoyen Gastaud vînt au

Conseil des Anciens, et les deux destitués fussent re-portés à l'administration.

Je ne m'occuperois pas, dis-je, de tous ces détails qui ne peuvent qu'avoir fatigué le lecteur sans qu'il ait pu comprendre autre chose, des intentions du citoyen Dabray, que de relever un mérite qu'il ne peut sou-tenir, et d'affoiblir celui des citoyens dont il n'a plus eu besoin, si, pour bien juger ce que ce représentant figurera à l'avenir, et notamment après le terme de sa mission, il ne falloit pas le montrer au public sous tous les traits qui le caractérisent et sous tous les rôles que l'intérêt et une ambition démesurée lui ont fait jouer dans la révolution.

Oui, Dabray est signataire de la protestation; il a voulu rappeler cette circonstance à la mémoire de ses concitoyens, comme il a eu soin de le faire au-près de quelques ministres et directeurs, toutes les fois qu'il a eu besoin de surprendre leur religion (1) pour quelque acte de méchanceté.

Mais quel fruit croit-il pouvoir retirer, le citoyen Dabray, d'une pareille déclaration, lorsqu'on lui rap-pellera qu'il devint l'ennemi le plus déhonté de son ex-collègue Blanchi, peu de temps après leur arresta-tion, précisément parce que c'étoit lui qui l'avoit en-traîné à signer la protestation, en abusant, disoit-il, de sa bonne foi?

Pourquoi n'ajoute-t-il pas, le citoyen Dabray, que pour excuser sa démarche il écrivit, lors de sa dé-tention, à Robespierre pour s'humilier devant lui, tan-tôt en le félicitant sur la sublimité des discours qu'il avoit prononcés à la tribune de la Convention, tantôt

---

(1) Il n'écrivoit aux ex-ministres Duval et François (de Neuf-Château) qu'en leur rappelant qu'il avoit été leur compagnon d'infortune.

en le comblant d'éloges et flattant son ambition pour les opinions qu'il y avoit énoncées ?

Non, il falloit cacher toutes ces circonstances pour que le mérite, qu'il veut s'attribuer, d'avoir signé la déclaration, ne devînt pour lui un titre de honte et de lâcheté.

S'il fut conservé au Corps législatif par l'assemblée électorale de France, quel avantage croit-il pouvoir retirer de ce témoignage de confiance ? Son ex-collègue Blanchi et tant d'autres ne le furent-ils pas aussi !

Louvet eût-il pu annoncer dans son journal la réélection de l'ex-conventionnel Dabray, si les citoyens qu'il inculpe aujourd'hui n'eussent fait valoir toute leur influence et n'eussent bravé les poignards de ceux qui ne vouloient pas de lui dans l'assemblée électorale de l'an 5 !

N'es-ce pas la même assemblée qui a porté à l'administration du département les citoyens Scudery, Donny et Oberty ?

N'est-ce pas sur la promesse que ceux-ci accepteroient les fonctions d'administrateurs, que les électeurs des cantons de la Montagne, qui ne vouloient pas plus entendre parler du citoyen Dabray que ne l'avoient témoigné ceux du chef-lieu, se déterminèrent à le choisir pour leur député ? Et quelle est la récompense que leur a réservée le citoyen Dabray, lorsqu'il a vu qu'il ne pouvoit plus rien attendre d'eux, parce qu'il s'étoit déshonoré ? celle de se réunir à leurs ennemis acharnés pour les charger d'iniquités. Mais quelle sera celle que recevra le citoyen Dabray de ses commettans ? l'oubli de tous ses forfaits ? l'estime de quelques intrigans ? la jouissance paisible de l'or qu'il a accumulé ? non, il le prévoit déja. L'opprobre l'accompagnera par-tout où il traînera ses pas ; et ses prétendus amis, du moment qu'il ne pourra plus seconder leurs projets, seront les premiers à le couvrir de honte et de mépris. Tel est toujours le sort des ingrats.

Il ne connoissoit, dit-il, l'état des choses du département que par la correspondance qu'il entretenoit avec les agens d'exécution, et sur-tout avec moi.

Eh ! pourquoi taire qu'il fut trois mois, vers la fin de l'an 4, le témoin oculaire des opérations de ces agens ?

La loi du 28 ventose n'avoit-elle pas reçu son exécution ? Les individus, qui, selon lui, en ont abusé, pouvoient-ils être ignorés de lui à cette époque-là ? non, assurément, puisqu'il les voyoit et fréquentoit tous. Dira-t-il qu'il n'a pas connu toutes les injustices et malversations, parce qu'il n'a été circonvenu que par eux ? Eh bien ! en supposant vraie une pareille assertion, si nous n'eussions pas eu connoissance de ses projets, nous lui dirions : vous fûtes alors ce que vous avez été en fructidor, vendémiaire et brumaire derniers. Votre opinion et votre jugement sont ceux des hommes qui vous parlent les derniers.

Mais ce n'est pas là ce que nous appercevons. Dabray eût-il vu vraiment que les individus qu'il accuse *se fussent enrichis aux dépens de la nation et par des moyens réprouvés*, n'auroit pas moins cru devoir se les ménager en gardant sur leurs prétendus crimes, au moins un silence parfait jusqu'à sa réélection.

Le citoyen Dabray, en donnant connoissance que je fus dénoncé au ministre de l'intérieur, le 21 messidor an 5, comme partisan du régime de Robespierre (1),

______

(1) Dans la nuit du 11 au 12 de floréal an 3, je fus porté, par un arrêté de l'ex-représentant du peuple Beffroi alors en mission, sur une liste de proscription, autrement nommée liste des terroristes, arraché du sein de ma famille et mis en arrestation. Le 29 messidor suivant, je fus lancé au milieu du peuple sans autre escorte qu'un gendarme,

comme généralement détesté et comme débiteur failli,
etc. etc. , n'eût-il pas dû la donner aussi de la réponse
qu'il fit à cette occasion (1) ? Non: quand on a d'aussi
bonnes intentions que manifeste le citoyen Dabray dans
son écrit , on rapporte tout ce que les ennemis de mes
principes ont pu écrire contre moi , et on couvre d'un
voile l'opinion qu'on a énoncée, pour ne pas se trouver
en contradiction.

J'en dirai bien autant des autres dénonciations que
le citoyen Dabray a voulu ne pas laisser ignorer, quoique reconnues par lui évidemment calomnieuses et re-
poussées avec l'expression des sentimens de la plus vive
indignation.

Tout cela tend à prouver que ce représentant possède
au plut haut degré d'élévation le talent de faire disparoître la vérité sortie de sa propre bouche, toutes les
fois qu'elle peut contrarier le jugement que lui dictent
ses intérêts et son amour - propre *outragé*.

---

plus pour être égorgé que pour être conduit au fort quarré d'Antibes,
où un arrêté de l'ex· représentant du peuple Chiappe, plus inique que
le premier , m'avoit envoyé.

Il est inutile que je relève ici les motifs qui me firent accoler à quelques
hommes qui sont encore aujourd'hui en exécration. Mais que n'auroient
pas fait à cette occasion ceux qui me persécutoient, s'ils eussent pu
m'attaquer d'improbité ou de malversation dans les différentes fonctions que j'avois exercées ! Je provoquai l'indignation des deux ex-repré-
sentans en leur adressant des pétitions conçues avec des expressions qui leur
prouvoient qu'ils étoient plus scélérats encore que les royalistes Niçois.
Que n'ai je pas dit contre eux sur l'intérêt sordide qui les dévoroit
plus encore que sur leurs opinions ? Qu'en est-il résulté ? de se taire
et cacher ce que je leur disois , vu qu'ils n'avoient pas trouvé parmi
les Niçois un assassin pour remplir leur projet.

(1) Revoyez la pièce sous le n°. 22. Elle est la réponse à la
lettre du citoyen Dabray qui nous transmettoit la copie de celle que
lui et son collègue Massa écrivirent au ministre.

Je n'ai pu m'empêcher de rire là où le citoyen Dabray veut l'explication du dernier article de ma lettre du 26 ventose, adressée au rédacteur du Publiciste ; je ris encore à présent de ce qu'un homme qui veut encore servir son pays au tribunal de cassation, juge avec autant de légéreté que de prévention des fonctionnaires contre lesquels on ne peut pas même jeter le soupçon de prévarication sans se rendre complice du crime de perfidie, qui ronge le cœur de ceux qu'il défend (1).

Voici comme ce représentant raisonne dans son écrit :

« Mais s'il est bien vrai que ces administrateurs incor-
» ruptibles n'ont pas voulu consentir à la radiation dont
» il s'agit ; s'ils ont au contraire refusé même aux ma-
» nœuvres et aux menaces qu'on s'est permis d'employer
» contre eux, pourquoi n'ont-ils pas également résisté
» à la tentation de l'or, et n'ont-ils pas refusé la cor-
» beille d'argenterie ? »

Que d'astuce et d'ignorance ne trouve-t-on pas dans ce raisonnement ! et où avez-vous vu, citoyen Dabray, que ces administrateurs aient été tentés par l'appât de l'or, ni qu'ils aient accepté la corbeille d'argenterie dont vous parlez ?

Est-ce parce que Férogio, détenteur, dénonciateur et témoin, dit dans sa déclaration qu'il avoit convenu avec Payany que la radiation de Lascaris coûteroit à ses héritiers 24,000 fr., et qu'il avoit remis en attendant une corbeille d'argenterie, que vous jugez affirmativement ? Eh ! quel jugement auriez-vous porté si Ferogio eût substitué votre nom à celui de Payany ? et en supposant même vrai qu'il y ait eû entre *Ferogio* et *Payany* quelqu'intelligence ou convention pour la

---

(1) François Ferogio, et le commissaire central.

radiation Lascaris , ce que nous n'avons voulu admettre, ni contester dans aucun temps : pourriez-vous vous croire coupable de complicité , si *Ferogio*, au lieu d'ajouter que *Payany* traitoit et agissoit au nom des administrateurs , avec lesquels il est plus que prouvé qu'il n'a jamais eu à cet égard la moindre relation, eût dit que c'étoit avec vous et votre ex - collègue Massa qu'il devoit partager ? Cependant , il y auroit plus de vraisemblance que ce fut avec vous et Massa qu'il eût traité du prix d'une radiation que vous sollicitez, qu'avec ceux qui s'y étoient constamment opposés ?

Et seroit-ce là la seule fois que votre collègue Massa auroit favorisé mercénairement les émigrés , et qu'il vous auroit confidentiellement fait connoître ses intentions, lorsque, par un acte d'imprudence que vous regrettez sans doute d'avoir commis, vous avez communiqué à plusieurs citoyens de votre pays la lettre qu'il vous écrivoit pour vous engager à vous intéresser pour la radiation définitive de la famille d'*Abraham Moyse*, en vous apprenant, toujours très-confidentiellement, qu'il existoit pour cet objet un dépôt de quatre cents louis ?

Ne vous avisez pas de contester ce fait , comme vous l'avez déja essayé. Des témoins d'une probité irrévovocable sont prêts à le confirmer, quelques menaces que vous leur ayez prodiguées.

Mon objet dans cette réponse n'est pas de plaider la cause des citoyens attaqués : si j'avois cette tâche à remplir , que de moyens ne me fourniroient pas la plupart des pièces produites par le citoyen Dabray !

Ceux qui se trouvent offensés des infâmes assertions de ce parasyte astucieux, sauront le pulvériser. Si j'ai parlé d'eux quelquefois, c'est parce que je ne pouvois m'en dispenser , sans que mon silence imprimât à leur égard une présomption désavantageuse auprès de ceux qui ne les connoissoient pas.

Au surplus, j'en parlerai encore, si le besoin l'exige, comme je parlerai aussi du citoyen Dabray et de son digne ex-collègue, pour mieux faire connoître la noirceur de toutes leurs machinations.

On aura observé que le citoyen Dabray, après avoir suppléé au silence de ses commettans, qui lui font l'injustice de ne pas croire *qu'il soit un être dévoué par nature à la liberté et à l'égalité, et ne voulant dans la société, ni oppresseurs, ni opprimés, et qui n'a jamais eu d'autres idoles que la probité, la vérité, la justice, le bonheur de ses semblables, et sur tout de ses concitoyens,* parce que toutes ces vertus, dont voudroit s'honorer le citoyen Dabray, ne se trouvent que dans ses expressions; qui ont au contraire des preuves non-équivoques de sa vanité et de son orgueil; des preuves que sa conduite antérieure et postérieure à la révolution justifie son oppression, son improbité, son injustice, sa duplicité et l'égoïsme le plus caractérisé; on aura observé, dis-je, que ce représentant veut n'avoir pas participé à la déportation du citoyen Scudery, en alléguant qu'il ne l'a *apprise qu'après coup, etc.*

Nous répondrons à cela que dans la supposition où il seroit vrai qu'il n'eût pas participé à cette déportation, pouvoit-il, *s'il ne vouloit réellement ni oppresseurs, ni opprimés dans la société,* se dispenser de jeter les plus hauts cris contre un pareil acte d'autorité, du moment qu'il en a été informé?

Qu'a-t-il répondu à ceux qui en ont témoigné la plus vive indignation, et qui n'ont pu se retenir de crier à l'infamie à la face de ce mandataire qui laissoit garotter de sang-froid un des plus chauds, des plus probes républicains de son département? Ecoutez sa défaite; elle est aussi lâche que perfide. *C'est le Directoire qui l'a fait, des affaires d'autrui je ne m'embarrasse point.*

Vous ne vous embarrassez point!. . . . .

Ah ! je le sais : c'étoit le frère d'un de ceux que vous poursuiviez à Paris, et que vous auriez desiré traîner à Nice pour lui créer un crime qui le frappât de déportation ! c'étoit un électeur, qui, quoiqu'en l'an 5, il se fût exposé aux poignards du contre-parti pour vous porter à la législature, en l'an 7 ne s'étoit pas soumis à la volonté du commissaire central, et avoit résisté à ses menaces et à celles du parti dictatorial !

C'étoit un citoyen trop influent, un ancien commissaire de canton sous le commissariat départemental occupé par moi; c'étoit un président d'administration municipale de son canton, qui avoit su engager ses concitoyens réquisitionnaires et conscrits à voler à la défense de la patrie; c'étoit enfin le fléau des barbets de tout le département, celui qui avoit le plus concouru à leur extermination sous le commandement du général Garnier et sous l'administration des hommes que vous honorez du nom de fripons (1) ! Et ce dernier mérite suffisoit pour qu'il fût l'ennemi de Dabray, Massa et consorts, qui créeroient des barbets, s'il n'y en avoit point, pour le seul plaisir de faire peser sur les habitans de ce département, et plus particulièrement sur ceux qui ne voient en eux que des ambitieux et des intrigans, les mesures extraordinaires qu'autorise ou excuse tout au moins l'existence de pareils gens, quoiqu'elle ne soit que le fruit de leur tyrannie ou de leurs sinistres machinations.

Mais laissons là le citoyen Scudery, et passons à d'autres observations. Le citoyen Dabray, qui avoue

______

(1) Les voleurs de grandes routes n'arrêtent les passans qu'en les qualifiant de coquins. *Arrête, coquin*, c'est le mot de ces gens. Ceux qui ont le malheur de les rencontrer seroient bien fâchés de recevoir d'eux d'autre titre que celui qui leur appartient. L'honneur d'un honnête homme est d'être appelé coquin par un coquin, fripon par un fripon, etc.

n'avoir rien fait pour lui faire rendre justice , le citoyen Massa, commissaire central, et tous ceux qui ont concouru à cet acte d'iniquité, sont en bonnes mains. Scudery saura trouver les voies qui, dans une République, s'ouvrent tôt ou tard pour l'expiation de tous les forfaits.

Quelle que soit mon opinion sur les nombreux arrêtés de maintien définitif que l'ancien Directoire a pris contre des prévenus d'émigration , je n'examinerai point si le citoyen Dabray les a sollicités ; je dirai, comme lui, que parmi ceux qu'on m'a fait connoître en avoir été frappés, il y en a qui ne le méritent point ; mais peut-être ne serons-nous pas d'accord sur une partie de ceux qu'il voudroit favoriser : au surplus, je ne crains rien à cet égard de lui. Il a trop de respect pour les actes de l'ancien Directoire, pour qu'il y ait aucun danger qu'il veuille en attaquer un seul. Il est trop lâche pour cela. S'il tient dans son *fameux* ouvrage un langage qui puisse faire espérer à quelques-uns qu'il sera juste à leur égard, c'est pour les tromper, et toujours par des vues d'intérêt et d'ambition; car il est plus que constant que tout le travail relatif au maintien et à la radiation des émigrés s'est fait, lui présent et le commissaire Massa, chez le citoyen Guide, un des administrateurs du département, et a été envoyé à l'ex-directeur Merlin, l'oracle de ces trois champions.

J'ai promis de ne rien laisser échapper de tout ce qui pourroit faire apprécier le mérite de l'auteur de l'écrit que je n'ai pas encore achevé d'analyser. Il faut par conséquent que je ne désempare pas; que là où j'apperçois quelque trait digne d'être cité, je ne néglige rien pour qu'il apparoisse avec tout son éclat.

On comprendra sans doute que je veux parler des démarches qu'a faites le citoyen Dabray auprès de l'ex-ministre Duval, pour forcer les citoyens Oberty, Paulian et Scudery à se rendre auprès du commissaire central.

Ces citoyens sont ceux de mon département, à qui il avoit été vraiment ordonné de quitter Paris pour se restituer dans leur pays.

Le citoyen Dabray, après les avoir tous qualifiés de pillards, ajoute qu'ils y intriguoient et mettoient tout en usage pour se soustraire à leur punition, et qu'ils ont été cautionnés par moi.

Comme il nous presse de dire au citoyen Dabray quels étoient les motifs qui le faisoient agir, et quelles étoient les intrigues des *pillards* cautionnés par moi, nous ne nous arrêterons pas à cette dernière expression, qui sied toujours bien à la bouche d'un représentant, valet de la police de Paris. (1)

Avant d'exprimer ces motifs et d'expliquer ces intrigues, il est bon d'observer que ces prétendus pillards, dans le tableau que l'ex-ministre Duval avoit fait passer au bureau central, de ceux qui devoient être expulsés de Paris (2) et rentrer dans leurs respectives

---

(1) Il n'y a pas dix jours qu'il s'est porté lui-même en personne au bureau central pour dénoncer comme réfractaire à la loi sur la conscription un de ses concitoyens visiblement attaqué de myopie. Il avoit cependant reçu soit à Nice, soit à Paris, des services de la famille de ce citoyen, qu'il n'a cessé de voir que parce qu'on y parloit le langage des hommes indépendans, et desireux de secouer le joug du dictatoriat directorial.

On fut chez ce citoyen pour l'arrêter et le faire conduire de brigade en brigade jusqu'à l'armée. Les papiers qu'il exhiba à cette occasion furent plus que suffisans pour le dispenser de marcher.

(2) La lettre de l'ex-ministre qui accompagnoit ce tableau, et qui fut lue en ma présence par un des administrateurs du bureau central, portoit l'ordre de les faire rechercher, les mettre en arrestation, et les renvoyer dans leur commune. Articles 222 et 223 de la constitution, combien de fois n'eussiez-vous pas été violés, si les agens d'exécution n'eussent pris sur eux bien des fois d'adoucir la rigueur des ordres

commune,

communes, étoient désignés comme *hommes dangereux.*

Ils devoient l'honneur (1) de cette qualification aux renseignemens qu'avoient fournis sur leur compte, et le commissaire central, dans la lettre qu'il écrivit au ministère de la police générale le premier floréal (2), et les commissaires provisoire et définitif près la municipalité de Nice au bureau central.

Ils devoient être effectivement regardés comme dangereux, non-seulement aux yeux du commissaire Massa, du citoyen Dabray et la poignée de leurs partisans dans le département, mais encore à l'ancien Directoire et à ses fidèles serviteurs.

1°. Le citoyen Oberty, qui, arrivé à Paris muni de l'ordonnance du directeur du jury qui le déclare plus qu'innocent, s'avise de demander le rapport de

---

qu'ils recevoient? L'Admini tration du bureau central est de ce nombre. Il fit appeler les citoyens Oberty, Paulian et Scudery par une lettre d'invitation.

(1) On ne pourra pas contester que ce ne fut un honneur d'avoir la qualification d'hommes dangereux à cette époque-la. C'étoit bien désigner qu'ils n'étoient pas les amis des directeurs renversés.

(2) Le 17 ou 18 floréal, une lettre anonyme vint m'annoncer que j'avois été dénoncé par le commissaire central, et qu'on me faisoit surveiller. Je n'avois cependant jamais eu occasion de connoître aucun employé dans les bureaux du ministre de la police, et encore moins du bureau central.

Je fus fort surpris de recevoir l'avis que je vais transcrire littéralement.

« Citoyen,

» Vous avez été dénoncé par le commissaire central de votre département, comme donnant refuge à *Oberty* et au commissaire » *Paulian.* On vous accuse de favoriser *Scudery* : on vous fait surveiller. Cet avis vous vient de , etc. . . . .

» La dénonciation est du premier floréal.

Il y a par-dessous « le 17 » sans autre.

Gastaud (des Alpes-Maritimes.)   D

l'arrêté qui l'a frappé injustement , et fait sentir qu'il est loin de desirer de reprendre des fonctions pour y devenir le jouet du caprice des dispensateurs et de leur faction ;

2°. Le citoyen Paulian , qui, ne voyant, dans l'arrêté qui révoque sa nomination de commissaire près l'administration municipale du canton , que l'acte d'une autorité, qui respecte sa réputation en cachant les motifs de cette révocation , porte le mépris jusqu'à ne pas vouloir s'en plaindre , et laisse agir à leur gré tous ses ennemis, soit à Nice , soit à Paris ;

3°. Le citoyen Scudery , qui , dans le même cas que son ex-collègue Oberty , réclame contre l'injustice de l'arrêté qui l'a frappé , et jette encore les plus hauts cris contre celui qui prononce criminellement la déportation d'un de ses frères , et contre le mode barbare et outré mis en usage pour son exécution :

De tels hommes assurément ne pouvoient que faire ombrage à ceux qui les avoient aussi atrocement outragés.

Leurs intrigues consistoient à démontrer la scélératesse de ceux qui les avoient inculpés ; elles déplaisoient d'autant plus au citoyen Dabray, qu'il en avoit déja éprouvé quelques effets peu favorables à sa *gloire* et à ses intérêts dans les réponses que l'un d'eux avoit faites au langage fiscal de notre avocat, et dans la publicité qu'il leur avoit donnée : réponses qui indiquent jusqu'à quel point on pousse le mépris pour ce député, et combien peu l'on redoute sa haine et sa méchanceté, lorsque, loin du lieu où ses dards, toujours envenimés, pouvoient être lancés avec une sorte d'impunité par l'instrument toujours prêt de son ex-collègue Massa, on est à portée de faire entendre la vérité.

L'un et l'autre fortement offusqués de la présence de ces hommes auprès des premières autorités, se sont-ils dit : Il faut que nous les forcions à retourner dans leurs foyers, où, par la précaution que nous avons prise de faire mettre leurs communes en état de siége , il ne nous sera pas difficile de leur faire éprouver toutes les vexations que nous dictent des cœurs extrêmement ulcérés et un orgueil vivement offensé.

Que de moyens n'aurons-nous pas pour leur créer des crimes ! Nous manquera-t-il des *Feroggio* pour les faire punir de ceux que nous y commettrons ? Non : ils seront pour le moins incarcérés. Quel fruit ne retirerons-nous pas de ce trait de notre juste indignation ! quelle gloire pour nous ! Tout fléchira devant nous par l'efficacité des moyens que nous emploierons ! et ces hommes, fussent-ils même assez forts pour résister à nos persécutions, céderont aux pleurs de leurs épouses , de leurs enfans , de leurs parens , qui viendront se jeter à nos pieds pour réclamer moins de rigueur, notre indulgence et leur pardon.

Voilà , voilà les motifs que nous reconnoissons dans les démarches de Dabray et Massa , en provoquant leur expulsion de Paris.

Qu'ils doivent être fâchés de n'y avoir pas réussi ! et , ce qui est encore plus désolant pour eux , c'est que l'ex-ministre *Duval* lui-même ait reconnu dans les expressions de la lettre de Massa , du premier floréal, un homme qui pouvoit avoir ses intentions , et, dans les démarches du citoyen Dabray , celui qui vouloit les seconder : aussi ne balançat-il pas un instant de faire révoquer, en premier lieu l'ordre qui venoit d'être donné aux citoyens *Oberty* et *Paulian* , et en second lieu , celui que le citoyen *Scudery* étoit allé lui-même chercher au bureau central. La révocation de l'ordre pour ce dernier me fut donnée deux ou trois minutes après que le citoyen *Dabray* sortoit de chez le ministre de la police, où il avoit été sans doute , brûlant de rage et de fureur, pour s'y plaindre de ce qu'il avoit vu respirer encore à ces citoyens l'air de Paris.

J'appris peu de jours après par des lettres de Nice que le citoyen Dabray y avoit annoncé que l'ordre devoit leur être donné de le quitter sans délai.

Déja on y avoit fait circuler, depuis plus d'un mois, que je devois être cisalpiné, et ce bruit s'y reproduisoit, non sans motifs, sous différentes dénominations.

Massa, dit le citoyen Dabray, *est l'ennemi du papisme ; mais il aime avec lui les ministres qui, prêchant d'exemple sur-tout l'esprit de l'évangile, rendent les hommes meilleurs. Massa, dans un autre endroit, est le fonctionnaire dont la réputation de probité est connue, même dans les pays étrangers où il a rempli les places les plus délicates.*

Si nous entreprenons de réfuter le dire du citoyen *Dabray* à l'égard des principes de son ex-collègue *Massa*, et sur les preuves de probité qu'il veut nous fournir en sa faveur, ce n'est que pour établir de plus en plus que le citoyen Dabray en a voulu imposer sur tous les points.

Que *Massa* soit ennemi du papisme, nous ne voulons pas le contester, parce que nous ne pouvons lire dans son cœur ; mais a-t-il le droit de tolérer dans son canton, où un de ses frères est commissaire près l'administration municipale, un autre, ex-moine, en est président, et un troisième est curé du culte catholique à Menton ; a-t-il le droit, dis-je, d'y tolérer dix-huit prêtres réfractaires et inscrits sur la liste des émigrés ?

Ces prêtres, que n'ont-ils pas fait pour rentrer à Menton avant l'époque de fructidor an 5 ? Son frère lui-même ne s'y est-il pas constamment opposé, parce qu'ils ne vouloient reconnoître dans les fonctions de l'autre frère le curé, que celles d'un intrus ? On n'a cessé de les

désigner comme des hommes fanatiques et très-dangereux, comme des ennemis irréconciliables avec la République, et on les admet après que le citoyen Massa est
commissaire central, parce que, perdant l'espoir d'être
soutenus par leur chef détrôné, ils se soumettent à
reconnoître dans le frère *Massa* leur légitime curé, et
laissent à celui-ci la paisible possession des revenus qu'il
retire de cette place ? Ne voit-on pas en cela l'infraction la plus manifeste à la loi sur les prêtres réfractaires
et à celles sur les émigrés ? Cette infraction n'est-elle
pas le résultat de l'intérêt qui a toujours guidé la famille *Massa* ? Avant l'arrivée de ces prêtres, le curé
désigné comme intrus ne voyoit dans le temple du culte
catholique qu'un petit nombre d'individus qui n'étoient
pas faits pour engraisser un diseur de messes. Depuis leur
entrée, tous les scrupules ont disparu ; et le concours
des fanatiques aux églises de Menton est aussi grand
qu'il l'étoit avant la révolution, et la marmite de la
famille *Massa* bout à grands flots aux dépens de tous
ceux qui ne voient dans un des frères *Massa* qu'un curé
duement légitimé par l'assentiment des prêtres rentrés.
Voilà la sévérité, déja préconisée par le citoyen Dabray,
des principes philosophiques du commissaire central.

Mais a-t-il cru, le citoyen *Dabray*, pouvoir établir
une réputation de probité à son collègue *Massa*,
en citant qu'il avoit rempli les places les plus délicates dans l'étranger ? Pourquoi ne pas ajouter encore
qu'il fut appelé à une de ces places par le tribunal
della Ruota à Gênes en l'an 4 ou en l'an 5 ? Cela nous
fut relevé il y a près d'un an, et successivement après
son retour de Nice, pour prouver le mérite du citoyen
Massa.

Ne sait-il pas que nous avons été à portée de connoître, par les rapports de plusieurs hommes de loi,
anciens collègues de notre avoué, combien de quels

élémens étoient composés les tribunaux des républiques de Lucques, de Gênes et de la ci-devant principauté de Monaco, sous leur ancienne organisation politique? de valets de praticiens qui les gouvernoient; d'étrangers, parce que telle étoit l'institution de ces tribunaux; d'hommes enfin qui, inscrits par la protection des gouvernans sur le tableau des concurrens, étoient appelés par le sort aux fonctions de juges pour un exercice de deux ou trois ans, après lesquels, dans le lieu où ils avoient rempli, d'après le citoyen Dabray, *les places les plus délicates*, ils ne laissoient, pour garantie de leurs décisions, que le plus ou moins d'estime, le plus ou moins d'argent qu'ils en avoient emportés. Quelle est l'estime qu'a pu mériter le citoyen Massa dans l'occupation de ces *places délicates?* il faut la rechercher dans les lieux où il a fait briller ses talens. Quel est l'intérêt qu'il en a retiré? les habitans du canton de Menton et autres environnans vous le diront. Vous soutiendrez après, citoyen Dabray, si vous le pouvez, le mérite et la réputation de probité du commissaire central.

« Au reste, soyez tranquilles, continue le citoyen Dabray, en parlant à ses commettans, » le ministre de la
» justice a reçu les pièces de la procédure qu'il avoit
» réclamées par sa lettre du 23 floréal dernier; elles sont
» au nombre de soixante-neuf. Les cinq que vous trou-
» verez ci-après constatent une portion des infamies
» qu'ils ont commises dans les partages des biens de
» parens d'émigrés. Ils ont beau croire, *dit-il encore,*
» qu'ils sont bien reçus des ministres et d'un Directeur,
» et que bientôt ils auront le dessus; ils ont beau faire
» des dupes, même parmi les sages, en criant au vo-
» leur comme bien d'autres : en supposant même qu'ils
» surprennent un instant l'autorité et l'entraînent à des
» faux pas, la vérité percera, dévoilera leurs forfaits,

» les mettra au grand jour et ils n'en recueilleront qu'un
» surcroît d'opprobre.

» Les nombreux envois en vins, huiles, oranges, cho-
» colat, fruits secs, anchois, olives, câpres, etc., et
» leurs énormes dépenses ne serviront qu'à prouver de
» plus en plus qu'ils se sont gorgés de la substance du
» peuple par des prévarications inouies; et le génie de
» la liberté, qui a mis en mouvement et en harmonie
» les élémens les plus hétérogènes pour frapper l'er-
» reur, n'épargnera pas le crime; je vous promets de
» le poursuivre jusqu'à mon dernier soupir, pour ap-
» prendre à ces vils brigands qu'on ne se joue pas im-
» punément d'un homme de bien. »

Que d'esprit, que de prévoyance, que de sagacité dans les conclusions du pot-pourri du citoyen Dabray !

A-t-il cru qu'on ignoroit tout ce qui se faisoit pour la persécution de quelques hommes dont on n'a pu flétrir la réputation, et pour la justification de quelques autres qui se sont couverts avec lui d'opprobre et d'ignominie aux yeux du public? Et quelles sont les démarches que nous avons faites pour l'arrêter? celles de ne pas paroître devant aucun directeur ni ministre, si ce n'est pour nous plaindre des violations à la liberté civile de quelques citoyens de notre département, des ordres illégaux qu'on se permettoit de donner, et enfin de la tyrannie qui pesoit sur nos commettans (1). Si elles n'ont pas été poussées plus loin ces démarches, c'est parce que j'en prévoyois l'inutilité. Le systéme de l'ancien Directoire étoit trop connu pour douter qu'il voulût respecter les lois dans ses attributions : si j'ai écrit quel-

______

(1) Voyez les pièces, numéros 27, 28, 29, 30, 31, 32, à la suite de cette réponse.

D 4

ques lettres, c'est pour qu'il ne pût dans aucun temps alléguer l'excuse qu'on lui avoit tout laissé ignorer.

Depuis combien de temps ne sais-je pas que son ex-collègue *Massa* promettoit protection et faveur, radiation de parens inscrits sur la liste des émigrés, emplois dans les administrations, tribunaux, bureaux, etc., et bienveillance de l'ex-directeur Merlin, si on vouloit le seconder dans ses projets, en déposant contre ceux qu'il désignoit (1)?

N'ai-je pas appris depuis plus de trois mois que l'ex-prêtre *Honoré Figuiere* étoit menacé de déportation, s'il refusoit de signer les déclarations qu'on lui présentoit?

Qu'ai-je fait pour servir ceux qu'on vouloit attaquer? Rien du tout.

Je me suis dit, déposera-t-on la vérité? il est bien que ceux qu'elle frappera soient punis, s'il y a culpabilité. Auroit-on encore voulu calomnier? rien ne sera plus aisé aux individus attaqués que de faire disparoître, devant des hommes indépendans des agens du pouvoir dictatorial, jusqu'à la moindre trace du crime.

Mais, que dira le citoyen Dabray, qui fait un grand cas des cinq déclarations transcrites à la suite de son écrit, quand il saura que les ministres de la justice et de l'intérieur ont pardevers eux les pièces qui constatent que les imputations, qui ne sont jamais que particulières au citoyen Scudery, et toujours étrangères aux motifs qui ont dicté l'arrêté du 29 frimaire dernier, qui est celui que j'ai combattu et que je combats, sont encore l'ouvrage des menaces et promesses de son collègue *Massa*? Justifie-t-on l'injuste condam-

______

(1) Voyez la pièce n°. 33.

nation d'un homme par la prévention ou l'existence même de tout autre délit que celui dont il étoit inculpé? Oui : par le code de jurisprudence de *notre avocat fiscal*.

Que dira-t-il, s'il a entendu parler de moi, quand nous lui répondrons que nous connoissons moins que lui les ministres et les directeurs ; que tout en les estimant tous, nous n'en flagornons aucun, et nous les laissons à leurs occupations toutes les fois que nous ignorons les démarches que fait et fait faire auprès d'eux le citoyen Dabray, pour soutenir les efforts de son orgueil et de la méchanceté qui le ronge, et toutes les fois aussi que nous n'avons pas à faire réparer des injustices plus que révoltantes, commises par leurs prédécesseurs ?

N'aurions-nous pas plus de raison de lui dire, non qu'il est bien reçu des directeurs et des ministres, parce que cette expression ne peut se trouver que sur la bouche d'un homme qui suppose qu'on puisse mal recevoir des représentans du peuple ; mais qu'il se flatte de toute la bienveillance de quelques-uns, en faisant répandre dans le département des vociférations capables d'intimider ses habitans ; qu'il n'y a ruse qu'on n'y emploie pour les retenir de jeter les plus hauts cris contre l'oppression que fait peser sur eux la poignée de ses partisans ; que c'est tantôt en accréditant le bruit que tel ou tel autre directeur, tel ou tel autre ministre lui ont témoigné mille amitiés, et sont prêts à lui accorder leurs faveurs ; tantôt en insinuant qu'il suffit que ces directeurs ou ministres aient été ses collègues, pour en être plus particulièrement écouté, et que le nom seul de conventionnel sera toujours un grand titre auprès d'eux, que le citoyen Dabray parvient à ravir à ses commettans l'espoir de se voir consolés, s'ils osoient déposer leurs craintes, et ne plus écouter que les mouvemens de leurs cœurs oppressés ?

Mais ne doit-on pas dire ici que le citoyen Dabray, qui s'excuse sur ce que *ses démarches n'ont pas toujours été couronnées du succès dans sa répugnance à assiéger les pouvoirs et leurs bureaux*, n'a pas eu cette même répugnance lorsqu'il s'est agi de ses propres intérêts, ou de satisfaire son ambition ?

Que ne fait-il pas depuis qu'il est de retour de Nice, non-seulement pour maintenir les injustices qu'il a provoquées et desquelles il attend l'accomplissement de son projet ; mais pour persécuter ceux qui en ont été l'objet, et même encore d'autres, par le seul motif qu'ils ne vouloient pas applaudir aux actes d'iniquité qu'ils voyoient commettre, et par lui, et par le commissaire *Massa* ?

N'a-t-il pas couru chez les directeurs et chez les ministres, toutes les fois qu'il avoit quelque vengeance à exercer ? Ne s'est-il pas couvert de honte jusqu'à vouloir éloigner de Paris ceux qui n'y étoient venus que pour se soustraire à quelqu'acte d'autorité dicté par l'animosité du dictateur *Massa*, comme pour faire entendre leurs voix ?

Et s'il étoit vrai qu'ils fussent coupables, devoit-il, notre *recommandable* Dabray, plus les craindre à Paris que dans leurs propres foyers ? Disons la vérité. Il vouloit leur mettre un bâillon, en leur faisant éprouver tout le poids de sa ridicule puissance, et l'excès de ses oppressions.

Disons encore que le citoyen Dabray, s'il répugnoit à assiéger les pouvoirs pour faire le bien du département, soulager ses habitans des énormes contributions leur faire partager les places lucratives à la disposition du gouvernement, ne pas laisser en souffrance de leur traitement les fonctionnaires payés par la nation, etc.,

etc., il n'a pas répugné à les obséder pour y faire le mal, payer d'ingratitude les services qu'il a reçus de plusieurs de ses concitoyens, et vomir le poison de la calomnie contre tout ce qui a pu lui faire ombrage pour l'exécution d'un plan dicté par les passions dominatrices de notre champion.

Il dévoilera, dit-il, les forfaits, et de qui ? les siens, sans doute ? il y a assez long-temps qu'ils sont connus, puisque l'ignominie les poursuit. Si c'est de ceux des autres qu'il entend parler, la voix du scélérat pourra-t-elle être écoutée ? Le nom de l'accusateur ne suffira-t-il pas pour justifier le crime, là même où il auroit existé ? c'est à ses commettans que je le laisse juger.

C'est sans doute de moi que le citoyen Dabray veut parler, là où il voit dans les *nombreux* envois en vins, huiles, oranges, etc., qu'on s'est gorgé de la substance du peuple, ajoute-t-il, par des prévarications inouies, puisqu'il n'y a que moi qui aie reçu ces envois.

Assurément si ce fût lui qui les eût reçus, il auroit eu également la modestie de le publier, pour prouver qu'il étoit désintéressé, et que ses principes d'une louable économie ne l'auroient pas porté à se priver de ce qui pouvoit lui être nécessaire pour soutenir une honnête médiocrité, et se ménager une santé que le changement de climat pouvoit altérer. Il auroit sans doute encore ajouté, qu'il n'étoit pas digne d'un représentant de la grande nation de lésiner sur des dépenses que des indemnités plus que proportionnées à ses besoins, autant que sa situation, sembloient commander.

Nous ne dirons pas cela, nous qui desirons, et à qui il plaît d'user des productions de notre climat ; nous dirons qu'accoutumés à boire du vin de Nice, à consommer dans notre ménage tout ce que la plus sordide avarice défend au goût du citoyen Dabray, nous ne nous en priverons point pour accumuler des trésors, qui en augmentant *notre fortune colossale*, frapperoient trop ouvertement les yeux de quelques jaloux. Nous dirons encore qu'il nous déplaît de ne pas savoir où deux caisses de vin, expédiées de Nice depuis plus de quatre mois, se trouvent à présent, pour en offrir à nos amis ; et comme nous appercevons que le citoyen Dabray paroît avoir suivi ces sortes d'envois, nous nous permettrons de lui demander des renseignemens sur le sort de celui qui nous tient vraiment dans une bien pénible privation.

Nous sommes d'autre part enchantés que la consommation de ces productions puisse attester *nos prévarications*, elles sont vraiment dignes de la plus scrupuleuse attention. Tout ce qui nous inquiète, c'est de prévoir que le peuple n'en demande un jour à Dabray le pardon par un acte qui le voue à la plus ignominieuse exécration, pour avoir osé attaquer la réputation trop bien établie d'un de ses défenseurs (1).

Oui, citoyen Dabray, ce peuple que vous trahissez chaque jour, sera juge de vos actions et des miennes. Secondé par le génie de la liberté que vous n'invoquez

---

(1) Voyez pièce n°. 34, la lettre que l'administration municipale de Nice écrivit le 25 ventose an 6 républicain sur l'avis qu'elle reçut de la prochaine destitution de la place de commissaire central. Dira-t-il, le citoyen Dabray, qu'à cette époque-là on ne connoissoit pas encore mes *prétendues prévaricati ns*, etc ? . . . . Elle n'est antérieure que d'un mois à mon élection au Corps législatif.

Le citoyen Dabray lui-même s'empressa de faire passer cette lettre au ministre de la police générale, à qui il avoit déja écrit, et à qui j'écrivis moi-même la lettre transcrite à la suite de cette réponse, et précédée des extraits des articles de celles que j'adressai au citoyen Dabray. Voyez par conséquent encore les pièces sous le n°. 35. Elles donneront une idée des sentimens de l'auteur.

que pour vous, il poursuivra et punira le crime ; et vous savez où il le trouvera ; là où il reconnoîtra l'imposteur, l'avide de son sang, l'ambitieux, l'ingrat, le perfide et l'homme couvert d'infâmie comme vous. Puissiez-vous arriver à calmer son indignation dans le court espace de temps qui vous reste à parcourir pour terminer votre mission ! vous pourriez le tromper une seconde fois, parce que ce peuple toujours bon, toujours indulgent, est souvent dupe de sa bonne-foi, non moins que de l'hypocrisie du perfide. Tôt ou tard il frappe cependant de sa terrible massue l'homme qui a abusé de sa confiance pour servir ses passions.

Je terminerai ma réponse par l'historique de toutes mes démarches auprès de l'ancien Directoire et du ministre de l'intérieur. Je l'accompagnerai des réflexions que l'homme juste et désintéressé jugera avec impartialité et sans prévention.

Informé par la correspondance qu'on travailloit en secret dans le bureau du commissaire central, et qu'on se flattoit à Nice de la prochaine destitution des administrateurs opposans à sa volonté, je crus ne voir dans la vocifération de ce bruit qu'une ruse employée par ce commissaire et par ses adhérens, pour les intimider et les faire relâcher sur le point de la radiation de l'émigré *Lascaris*, qui les avoit désunis.

Je n'en fis aucun cas, répondant constamment à ceux qui me témoignoient quelque crainte à cet égard ; que ni le Directoire, ni ses ministres ne se laisseroient point entraîner par les passions du citoyen Massa, sans consulter tout au moins la députation (1).

______

(1) J'étois seul à Paris ; le citoyen Dabray se trouvoit à Nice en congé. J'étois bien loin de penser qu'il fût des conciliabules qui s'y tenoient. Sa correspondance ne m'en avoit donné aucun soupçon.

Ce ne fut que lorsqu'on m'écrivit qu'il avoit été rédigé des dénonciations dans le bureau de ce commissaire, et que la destitution prochaine de trois administrateurs, qu'on désignoit être les citoyens *Oberty*, *Donny* et *Scudery*, étoit annoncée comme certaine (1), que je me déterminai à faire une première démarche. Je me rendis chez l'ex-directeur *Merlin*, pour lui faire part de ce bruit : ce fut le 8 ou le 9 du mois de nivose dernier. Quelle fut ma surprise d'apprendre de lui que la destitution de ces administrateurs existoit depuis plusieurs jours, et que c'étoit pour avoir vendu la radiation de l'émigré Lascaris !

J'avois sur moi des pièces plus que suffisantes pour prouver l'injustice d'une pareille inculpation ; je ne les avois apportées que dans l'intention de les faire connoître à ce directeur, et m'y plaindre des entraves que mettoit le commissaire Massa à la décision de l'affaire de l'émigré Lascaris : car je ne pouvois pas me douter qu'elles dussent servir de justification.

Elles prouvoient à l'évidence qu'il n'y avoit pas de détour que le citoyen Massa n'eût employé pour retarder la décision de cette affaire, toutes les fois que l'administrateur, chargé de la partie des émigrés, demandoit de faire la lecture du rapport qu'il avoit rédigé.

Il savoit combien il étoit contraire aux intérêts qu'il défendoit, et en ajournant de décade en décade la lec-

____

(1) Voyez la lettre du citoyen Oberty du 27 frimaire sous la pièce n°. 36. On y verra *Ferogio* annoncer à *Nice*, dès le 25 du même mois, une destitution dont l'arrêté date du 29, et dont la connoissance ne pouvoit y parvenir tout au moins que dix à douze jours après cette dernière date.

Que conclure de cela ? que l'ex-directeur *Merlin*, ou tout autre, avoit déja prévenu son ami *Massa* de cette destitution au moins quinze jours avant que le projet qui la prononçoit fût soumis au Directoire exécutif.

turé de ce rapport, il travailloit sourdement à la destitution de ceux qu'il n'avoit pu , par aucun moyen , faire convenir que la riche succession de l'émigré Lascaris dût passer entre les mains de deux nobles piémontais , par les motifs que nous avons déja eu occasion de relever.

Le directeur *Merlin* parut s'appercevoir, par les pièces que je lui communiquai , qu'il avoit été trompé ; et , pour justifier que la destitution prononcée contre les administrateurs pouvoit être méritée , il m'observa que la confiance qu'ils avoient accordée au citoyen Payany , administrateur , précédemment destitué comme favorisant les émigrés, en le chargeant de la commission de se rendre en Piémont pour y retirer les papiers des différens bureaux d'insinuation du ci-devant comté de Nice , annonçoit en eux l'intention de censurer l'acte du Directoire qui l'avoit destitué , et le desir de le rétablir dans l'opinion de ses concitoyens.

Comme je savois de quelle manière les administrateurs avoient été entraînés à cette nomination , je mis sous les yeux du directeur Merlin les motifs qui avoient pu les y déterminer. Je lui ajoutai que le commissaire Massa n'y avoit pas été étranger , puisqu'il avoit écrit en faveur de ce citoyen , lors de l'arrêté qui l'avoit frappé de destitution. Je lui ex quai encore de quelle manière j'avois su que le citoyen M ssa s'intéressoit au citoyen Payany, en lui apprenant que j' vois été chargé de lui faire parvenir la lettre qu'il écrivit en sa faveur, et qui m'avoit été transmise sous cachet volant, pour être remise dans les mains propres du directeur.

Ce fut en rappelant au citoyen Merlin cette circonstance et l'intérêt que Massa avoit pris à la destitution de Payany , que j'appris de ce directeur, que le citoyen Massa lui avoit écrit dans le même temps , une contre-lettre destructive de celle qui avoit été écrite ostensiblement : dès-lors , je jugeai du caractère de l'ami de Merlin. J'ai eu ensuite la certitude que c'étoit là sa manière d'agir avec tous ceux qui réclamoient sa protection.

Dans cette occasion, je ne manquai pas de faire sentir au citoyen Merlin , que si le bien de la chose publique eût exigé le déplacement des trois administrateurs , il ne pouvoit manquer au Directoire exécutif de motifs pour l'opérer ; qu'il n'y avoit dans toute la République aucun administrateur, qui pût se garantir d'une destution par l'impossibilité où ils étoient de remplir toutes les obligations , et de connoître même celles que leur imposoit l'immensité des lois qu'ils étoient chargés de faire exécuter. Je lui dis encore que si telle eût été son intention, je lui aurois fourni des motifs pour baser un arrêté ; mais que ce n'étoit pas pour le crime de leurs propres dénonciateurs qu'on avoit pu injustement les frapper , et jeter par là des doutes sur la probité de ceux que je connoissois trop jaloux de leur réputation. J'ajoutai que c'étoit encore pour ceux - ci un bonheur que de se trouver traduits devant les tribunaux, où leur innocence et la culpabilité de leurs accusateurs auroient pu être constatées.

Pendant la conférence que j'eus ce jour-là avec ce directeur , je ne laissai pas de demander le rapport de l'arrêté, ou toute autre mesure qui eût pu réparer l'erreur commise envers les destitués. Il eut à me répliquer ces mots : *le remède seroit pire que le mal.*

Je ne savois pas alors qu'un second motif de destitution étoit d'avoir consenti la sortie des effets d'artillerie vendus par le ministre de la guerre. Le citoyen Merlin n'en avoit pas parlé. Au sortir de cette conférence, je fus chez le ministre de l'intérieur pour avoir communication de l'arrêté. Ce ne fut qu'à la seconde ou troisième visite que j'obtins de ce ministre une copie non certifiée

fiée de cet arrêté. Je n'eus pas plutôt connu les motifs qui l'avoient dicté, que je me portai chez l'ex-directeur Merlin (1), pour lui mettre encore sous les yeux l'injustice du second motif. Muni des pièces qui constatoient que l'administration n'avoit fait qu'obéir aux ordres précis et impérieux consignés dans les lettres des ministres de la guerre et des finances, je les lui communiquai, en lui observant que, s'il y avoit délit d'avoir consenti la sortie des effets d'artillerie vendus par le ministre de la guerre, il ne pouvoit être que celui des ministres qui l'avoient autorisée, et qu'en supposant qu'il y eût quelque faute de la part des administrateurs de s'être prêtés à une telle mesure, ils ne pouvoient en être punis qu'avec les ministres eux-mêmes qui l'avoient provoquée par les lettres qu'ils avoient écrites. Il fut frappé de cette observation ; et ne sachant comment disculper les ministres, il me dit à mots entre-coupés, que c'étoit leur affaire.

Ici, c'est le lieu de dire que le second motif de l'arrêté de destitution ne pouvoit atteindre ni le citoyen Scudery, ni le citoyen Oberty : le premier n'avoit aucunement concouru à l'arrêté de l'administration, qui permettoit la sortie des effets d'artillerie, étant antérieur à son installation ; le second n'y étoit intervenu que comme commissaire provisoire.

Mais ce qu'il y a encore de plus remarquable dans cet arrêté de destitution, c'est qu'il ne frappe en aucune manière le citoyen Reynaud, quoiqu'au nombre des trois signataires de l'arrêté de l'administration.

Le même jour, je reçus copie non certifiée de l'arrêté de destitution, que le ministre de l'intérieur m'avoit fait adresser. Je me rendis le lendemain chez lui avec cette

______

(1) C'étoit le 13 nivose.

Gastaud (des Alpes-Maritimes.) E

pièce; j'avois avec moi toutes celles qui prouvoient non seulement les manœuvres du citoyen Massa, en faveur des prétendus héritiers de la riche succession de l'émigré Lascaris; mais qui constatoient encore de la manière la plus évidente, que c'étoit pour n'avoir pas voulu consentir la radiation dudit émigré, provoquée et sollicitée par le citoyen *Massa* et son commis *Feroggio*, fondé des pouvoirs d'un des prétendus héritiers, que la destitution des trois administrateurs avoit été prononcée, et sur un crime du commissaire lui-même.

Mettant sous les yeux du ministre l'extrait de l'arrêté précité, et les moyens que j'avois pour détruire les motifs d'après lesquels il avoit été basé, il fut singulièrement frappé à la lecture de la lettre de François *Feroggio*, littéralement transcrite à la suite de cette réponse, sous la pièce n°. 37. Venant ensuite à la lecture du *considérant* qui avoit pour objet la sortie des effets réformés d'artillerie, il ne me laissa pas achever; et prenant en ses mains la copie de l'arrêté précité, il s'exprima dans ces termes, en me désignant avec le doigt les points où commençoit et se terminoit ce considérant: *ceci ne devoit pas y être; des motifs politiques peuvent avoir autorisé la sortie de ces effets.* Ce qui me fit présumer que le citoyen Merlin l'avoit déja informé des moyens que j'avois pour le réfuter.

Dans cet arrêté, on citoit différentes pièces. Le seul énoncé de ces pièces, si ce n'est le billet de *Payany*, dont j'ignorois la teneur, m'annonçoit qu'elles étoient non-seulement insuffisantes pour justifier la destitution prononcée; mais qu'elles attestoient, au contraire, les manœuvres les plus criminelles du commissaire *Massa* et de son commis *Feroggio*, et l'injustice la plus criante contre les administrateurs inculpés. S'il me restoit quelque doute, ce n'étoit que sur le citoyen Payany, qui n'étoit plus administrateur depuis plus de trois mois; et cela sur-tout par rapport au billet dont on y parloit.

Je voulus connoître ces pièces, et j'en demandai communication ou extrait audit ministre. Il n'eut pas l'air de me refuser ce que je demandai ; mais il exigea de moi que j'en fisse la demande par écrit. Cette réponse donna lieu à la lettre cotée pièce n°. 38.

Il est essentiel d'observer qu'en formant la demande de ces pièces, je ne devois pas taire les moyens que j'avois pour détruire les motifs de destitution , d'après lesquels elle avoit été basée.

En gardant un silence parfait sur ceux qui étoient relatifs à la seconde inculpation, je m'exposois aux risques de me voir contester un jour que je ne les avois pas réfutés : c'est pourquoi je consignai dans ma lettre à peu près l'observation verbale qui m'avoit été faite, et j'y joignis l'offre de produire au besoin les pièces de justification , si toutefois il lui plaisoit de les avoir.

On croira, sans doute, qu'après cette lettre , le ministre se hâta de me donner communication ou extrait des pièces que je demandois ; non : point du tout. Il ne répondit à ma lettre que huit à dix jours après ; et ce fut pour m'apprendre qu'elles n'étoient plus en son pouvoir. Il fit plus , il attendit qu'elles ne fussent plus à celui du ministre de la justice , à qui il m'annonçoit les avoir envoyées , pour que je n'en eusse pas connoissance.

Cette conduite,celle du directeur Merlin, et même celle du ministre des finances , à qui j'avois fait parvenir des pièces(1), constatant que le frère dudit commissaire *Massa* étoit détenteur de plusieurs sacs d'argent , et d'autres effets mobiliers provenant de la succession dudit émi-

---

(1) Voyez, sous le n°. 39, mes lettres écrites audit ministre, ainsi que les pièces y jointes.

gré, me fit clairement appercevoir qu'il existoit un plan pour maintenir dans le département l'influence dont avoit besoin l'ancien Directoire pour diriger les prochaines élections ; et que les motifs consignés dans l'arrêté du 29 frimaire n'étoient qu'un prétexte pour expulser de l'administration centrale les hommes qui ne lui plaisoient point, et y substituer les instrumens des volontés et des actes de despotisme que ce Directoire et ses ministres vouloient y exercer.

Ce qui me confirma dans cette opinion, ce fut les destitutions qui se multiplioient chaque jour dans le département, et qui ne frappoient que les amis sincères de la République, et ceux des représentans qu'on savoit n'être pas les esclaves des volontés de ce Directoire.

Je n'omettrai pas de dire que le ministre de l'intérieur m'ayant fait sentir qu'on ne s'étoit déterminé à prononcer la destitution des trois administrateurs qu'après s'être procuré, par la voie de l'ambassadeur Ginguené, des renseignemens sur l'affaire de l'émigré Lascaris, je fus voir cet ex-ministre, dont la conversation me rassura de plus en plus sur l'innocence des destitutés. Il m'apprit qu'on l'avoit chargé de cette recherche, en lui désignant les personnes auxquelles il pourroit s'adresser. Il me fut facile de comprendre alors combien avoit été fausse la précaution prise par le ministre de l'intérieur, et combien avoit été malicieuse et perfide la désignation sus-énoncée, qui ne pouvoit être que l'ouvrage du commissaire central.

Effectivement, en s'adressant, comme on l'avoit fait à Turin, à ceux à qui *Feroggio* avoit fait un roman pour escroquer une somme considérable d'argent, s'il obtenoit la radiation de l'émigré *Lascaris*, que la protection et l'intérêt du commissaire *Massa* sembloient lui assurer, il n'est pas étonnant que les renseignemens fournis par l'ex-ambassadeur *Ginguené* puissent s'être trouvés conformes au dire de *Feroggio*, puisque ces renseignemens n'étoient que la répétition de ce qu'il avoit écrit à son beau-frère *Jano*, secrétaire de madame Piossasco, une des prétendus héritiers de la succession *Lascaris*, et de la réponse qu'elle avoit faite.

Que résulte-t-il donc de tout cela ?

Que *Feroggio*, fondé de pouvoir de madame *Piossasco*, et commis en même temps du commissaire *Massa*, assuré par celui-ci de la prochaine radiation de l'émigré *Lascaris*, prépare, aux dépens de la réputation des administrateurs, par une longue lettre à son beau-frère *Jano*, les voies par lesquelles il peut obtenir une forte rançon. Il réussit dans ce plan ; mais trompé dans ses espérances par la résistance qu'opposent à la volonté du commissaire central la plupart des administrateurs, et ayant peut-être déja consommé une partie de l'argenterie qui devoit être le premier prix de la rançon, il n'a d'autre issue, tant pour sauver sa réputation compromise par la lettre qu'il avoit écrite, et peut-être encore par d'autres que nous ne connoissons point, que pour n'être pas recherché pour ce dont il avoit déja disposé (1), et pour les sacrifices qu'il dit avoir faits, même à Paris, que d'implorer les secours du commissaire *Massa*, qui, dans l'excès de sa plus vive indignation, blessé dans son amour-propre de ne pouvoir pas diriger l'opinion de ce qu'il appelle des administrateurs entêtés, quelquefois même insolens, et étayé de la puissance d'un directeur, le citoyen Merlin, qu'il connoît particulièrement, pro-

---

(1) Cela est d'autant plus probable à mes yeux, qu'avant de partir pour Paris il dit à moi-même : je pense que je serai grassement défrayé de toutes les dépenses que je fais en empruntant de l'argent, et même honorablement gratifié par madame Piossasco, si, comme je le crois, j'obtiens la radiation de son frère *Lascaris*.

E 3

nonce, dans le secret de ses machiavéliques machinations, la perte de ces administrateurs. On dresse de-
suite des dénonciations que *Massa* rédige, et que
Massa confirmera, si, comme il est d'usage, elles lui
sont adressées pour recueillir et fournir des renseignemens. Ces renseignemens sont prêts; ils attestent la
vérité des faits dont les administrateurs sont accusés.
Tout cela se fait dans le plus grand secret, parce que
sans secret le projet de *Massa* peut échouer. On sait
qu'à Paris on consulte quelquefois les députations, et
on prévient cet inconvénient en jetant la défiance,
par des argumens que nous ignorons, sur celle des
Alpes - Maritimes, alors uniquement représentée par
moi, le citoyen Dabray se trouvant en congé. Celui-ci
est mis en avant par les motifs que nous avons déja
fait connoître, et il écrit, sous la date du 15 brumaire,
une lettre qui seconde le plan.

On veut avoir l'air d'approfondir les inculpations,
et on indique les preuves à Turin, où l'on sait qu'il
ne peut en exister de plus convaincantes que celles qui
émanent du plan d'escroquerie de *Fcroggio*. Tout répond à celui qui doit la couvrir, et faire triompher
l'astuce et la perfidie autant que les fripons.

Le Directoire frappe des innocens, s'appuyant sur
des pièces qui lui signalent les coupables. On s'apper-
çoit de l'erreur; on veut la soutenir, parce que tel
est le systême adopté par les gouvernans. On a d'ailleurs d'autres projets, et on s'inquiète fort peu si de
pareils procédés sont consolans pour ceux qui s'en
trouvent atteints, et nuisent ou non à la révolution.
Elle est faite pour eux; ils sont montés jusqu'au plus
haut degré d'élévation. Ils ne prévoyoient pas qu'ils
fussent si près d'en descendre.

Les destitués sont dénoncés aux tribunaux en masse
pour des faits qui ne leur sont pas communs.

Le directeur du jury, qui, à la vue des pièces qui motivoient l'accusation, devoit décerner un mandat d'arrêt contre le rançonneur *François Ferogio*, effrayé des menaces du commissaire *Massa* qui ne cesse de faire retentir la puissance d'un directeur, appellé comme témoin *Ferogio*, accusateur - dénonciateur (1), et qui plus est détenteur de l'argenterie *Lascaris*. Il reçoit, à parties brisées, la déposition que *Ferogio* écrit sous la dictée du commissaire central ; elle n'est signée que le 3 pluviose (2), dix-huit à vingt jours après la

---

(1) Qu'on ne dise pas que c'est le Directoire exécutif qui est l'accusateur ; il n'est que dénonciateur, et il ne peut pas être autre chose d'après la constitution. L'accusation est dans les pièces par lesquelles il dénonce. Il n'y a point d'accusation sans accusateur. *Ferogio* est signataire d'une de ces pièces, et a été possesseur d'une autre ; donc il est accusateur et dénonciateur.

(2) La copie de cette déposition, transmise au citoyen Dabray, portant le titre de *rapport fait par le citoyen Ferogio au directeur du jury de l'arrondissement de Nice*, est sous la date du 26 nivose : ce qui prouve qu'elle a été expédiée à ce représentant au moins sept jours avant l'apposition légale de la signature du déposant.

Cette copie, comparée à celle que nous avons duement certifiée par le tribunal, présente quelques petits changemens. Nous ne relèverons ici que les essentiels.

Savoir : A la page 25, à la ligne quarante-cinq, après ces paroles *un billet de Payany*, il faut ajouter ce qui suit, *conçu en ces termes :* » *Je t'attends, mon cher ami ; huit heures et demie à peine sonnent. Si* » *la corbeille n'est pas trop pesante, remets-la à la porteuse du pré-* » *sent* », et supprimer le reste de la phrase jusqu'à *pesante*. A la page 27, à la trente-unième ligne, après ces paroles : *Ces trois administrateurs*, il faut ajouter ce qui suit : *Je ne pouvois faire autrement que de céder alors aux réclamations de Payany.*

Nous ne ferons aucune réflexion sur ces changemens, et nous laisserons même au jugement du lecteur si *Ferogio* ment ou non à la vérité, quand il dit avoir été fort surpris d'apprendre, le 15 nivose, la destitution de *Scudery* et *Oberty*, et qu'il ajoute encore n'avoir été le dénonciateur de personne. Nous renverrons seulement le lec-

publication de l'arrêté, et les formalités remplies par le commissaire du Directoire exécutif, et par l'accusateur public près le tribunal.

Ferogio apprend dans ce long intervalle qu'une lettre a été écrite par lui en fructidor dernier au citoyen Gastaud, membre du Conseil des Anciens, entièrement contradictoire à ce qu'il avoit écrit et déposé. Il obtient de réformer une partie de ce qu'il a déclaré, pour parler de cette lettre et faire coïncider, autant qu'il le peut, les expressions qu'elle renferme avec toute sa déclaration (1).

---

teur à la pièce n°. 36, et nous demanderons à *Ferogio* si c'est à Nice ou à Turin que le Directoire exécutif a puisé la réponse de madame Piossasco du 27 juillet 1798 (v. st.), et le billet de Payany.

(1) *Ferogio* s'est permis d'avancer qu'il savoit « à ne pas en
» douter, que *Gastaud* avoit écrit à quelques-uns de ces adminis-
» trateurs que le fait de l'argenterie Piossasque étoit connu à Paris,
» et que le seul moyen de le démentir et d'éviter les suites fâcheuses
» qu'il pouvoit causer à leur égard, c'étoit de s'occuper pour dé-
» clarer Lascaris définitivement émigré. »

Il n'y a en cela de vrai que ce que *Ferogio* lui-même m'avoit écrit. Je n'avois jamais entendu parler d'argenterie que de lui ; et je défie *Ferogio* de trouver la moindre trace qui annonce en moi d'avoir tenu d'autre langage que celui d'un homme délicat, qui ne vouloit, d'un côté, point influencer l'opinion de ceux qui le consultoient sur la radiation de l'émigré Lascaris ; et qui, de l'autre, sachant ce qui se passoit entre la famille *Massa* et les prétendus héritiers dudit émigré, et l'intérêt qu'elle prenoit à ce qu'ils fussent favorisés au préjudice de la nation, s'expliquoit de manière à ce qu'on ne se laissât ni influencer par l'opinion du commissaire central, ni intimider par la puissance qu'il étayoit déja.

Qu'on se fasse représenter la réponse que je fis à Payany, à l'article de sa lettre du 11 fructidor, conçu en ces termes :

« Je t'ai écrit plusieurs fois ; mais je n'ai pas été si heureux que
» d'avoir de réponse. Tout se porte bien chez toi, et il s'agit ac-
» tuellement de l'affaire Lascaris : tu sais à peu près mon sentiment

Cette déclaration, que le citoyen Dabray présente sous le nom de *rapport fait par Ferogio*, ne fait aucunement mention de l'administrateur *Donny*, quoique dénoncé par l'arrêté pour le même fait de ses deux collègues *Oberty* et *Scudery*.

Cette exception est le fruit de la protection que veut bien lui accorder le citoyen *Tiranty*, directeur en second ordre de ce procès, et le procureur délégué de *Ferogio*. Ce Férogio est au surplus débiteur du citoyen Donny de la somme de 480 fr.

On entend d'autres déposans (1), qui tous ne disent rien, si ce n'est *de relato* de *Ferogio*, contre les administrateurs inculpés.

Finalement ceux-ci ne sont individuellement appelés qu'après qu'une lettre du ministre de la justice, (provoquée sans doute par le directeur *Merlin*, à qui je m'étois plaint du peu de diligence que mettoit dans l'instruction de cette affaire le *directeur du jury*, plainte qui n'étoit que le résultat de celles d'un prétendu coupable, le citoyen *Oberty*), ordonne de les entendre.

Les premiers appelés restent jusqu'à quatre jours en *charte-privée* dans la maison commune, parce qu'une

---

» là-dessus ; mais j'aurois plaisir que tu voulusses m'en dire quelque » chose ; car tu n'ignores pas que j'aime beaucoup à m'éclairer , » sur-tout dans cette matière. Ne me refuse donc point tes lumières, » car on n'a encore rien fait dans cette affaire , et déja on accuse. » Sur cela tu connois ma façon de penser : ainsi je te laisse pleine » liberté de juger ». Et l'on jugera si la scélératesse la mieux caractérisée n'a pas dicté l'article précité de la déclaration *Ferogio*.

Voyez ensuite ce que dit cet homme relativement à la déclaration demandée par le citoyen Oberty ; et lisez successivement , sous la pièce nº. 40, ce que témoigne le citoyen Levamis : vous verrez *Ferogio* n'agir que d'après les conseils du commissaire Massa.

(1) Parmi ces déposans figure encore le citoyen *Benza*, procureur fondé d'un autre des prétendus héritiers de la succession Lascaris.

lettre du ministre de la justice (qu'on respecte bien plus que la loi) a déterminé le mode de procéder lorsqu'il y a réunion de plusieurs dénoncés pour le même fait ; de manière que des innocens qu'aucune déposition n'inculpe, puisque le citoyen *Payany* lui-même, avec lequel *Ferogio* prétend avoir traité et convenu la radiation Lascaris, en niant l'existence de cette convention non prouvée, justifie pleinement les administrateurs, qui n'avoient été accolés au citoyen *Payany* que parce que *Ferogio*, dénonciateur, accusateur, témoin et fripon, avoit déposé qu'il avoit traité également en leur nom ; des innocens, dis-je, pour le bon plaisir du ministre, restent pendant quatre jours en arrestation (1).

Quelque rigueur qu'ait mise le directeur du jury dans l'instruction de ce procès, pour lequel on choisissoit déja parmi les ennemis des destitués les jurés d'accusation (2), le citoyen *Massa*, et sa poignée d'intrigans, et même le cit. *Dabray*, ne purent voir dans l'ordonnance qui les acquitte (3) qu'un de ces actes qui récrimine leurs dénonciateurs patens et cachés : ils eussent tout au moins desiré que le directeur du jury les eût fait paroître devant un jury d'accusation ; et le citoyen Dabray a suffisamment montré cette intention par l'article qu'il fit insérer dans le journal du *Publiciste*, le 26 ventose dernier, et par l'expression de sa lettre du 30,

---

(1) Je regarde comme arrestation tout acte qui prive un citoyen de sa liberté, lorsqu'appelé pardevant l'officier de police il a entièrement détruit les faits dont on l'accusoit.

(2) Il y en a qui n'avoient été portés sur la liste qu'on préparoit, que parce qu'ils s'étoient expliqués que, s'ils avoient été jurés, on pouvoit compter qu'il y auroit eu lieu à accusation.

(3) Voyez, sous la pièce n°. 41, l'ordonnance du directeur du jury. Nous joignons à la suite de cette pièce la déclaration du citoyen Bernardin-Clerici : elle est sous le n°. 42.

du même mois au rédacteur du même journal, dans laquelle il dit : *L'ordonnance du directeur du jury tout seul.*

Nous dirons ici, qu'ayant à nous plaindre de ce que le commissaire près l'administration municipale de Nice, le citoyen Paulian, notre neveu, devenu ensuite suspect au Directoire exécutif, et révoqué par lui au moment des élections, avoit paru refuser, conseillé par le commissaire central, au citoyen Oberty un passe-port pour Paris, peu de jours après qu'on eut connoissance à Nice de l'acte directorial, le citoyen Dabray eut à nous répondre que le refus de ce commissaire avoit été fondé, s'appuyant sur ce qu'un arrêté du Directoire exécutif qui destituoit des fonctionnaires publics, et les dénonçoit aux tribunaux, équivaloit à un mandat d'arrêt. Cette expression *équivaloir* nous donna la juste mesure du degré d'asservissement au pouvoir directorial de la part de ce représentant. Nous ne pûmes que gémir dès-lors sur le sort des représentés, si un grand nombre de législateurs eussent pu penser comme lui, et nous nous dîmes aussi : Est-ce un législateur, un ex-conventionnel qui nous tient ce langage ? Oui, c'en est un ; mais il n'a peut-être pas dépendu de lui que l'article 145 du code constitutionnel ait limité le pouvoir à la première autorité exécutive de décerner des mandats d'amener et des mandats d'arrêt contre des citoyens dans le seul cas de conspiration contre la sûreté extérieure ou intérieure de l'état. Où en seroit la liberté civile de nos représentés, garantie par cet acte sacré, si beaucoup de Dabray siégeoient au Corps législatif, ou que les membres qui composent le pouvoir directorial n'eussent pas plus de respect pour elle que n'en ont eu les directeurs renvoyés ?

Un des motifs qui faisoit desirer aux citoyens Massa et Dabray l'arrestation des destitués, étoit la crainte qu'ils fussent élevés une autre fois aux places d'administrateurs, et voir ainsi leurs projets déjoués ; mais graces aux soins du commissaire central , et aux nouveaux administrateurs, cette crainte n'a été qu'éphémère.

Ce sera le second motif d'un second mémoire que de faire connoître tout ce qui s'est fait dans le département pour forcer les choix des dernières élections ; nous y développerons tous les moyens qu'on a mis en usage dans cette occasion.

Puisse, en attendant, l'exacte analyse de tout ce qui a précédé et suivi l'arrêté de destitution que nous avons eu raison et droit d'attaquer, de tout ce qui s'est fait par les citoyens *Massa* et *Dabray*, et leurs adhérens, donner une première idée de leurs principes et de leurs intentions ! nous en serons contens, et nous aurons rempli un des premiers devoirs de représentans.

Nous leur déclarons, au surplus, que quelqu'événement qu'il arrive, nous ne les craignons point, ni dans notre réputation, ni dans leurs machiavéliques machinations.

Les gages que nous avons donnés à la révolution, joints à l'estime que nous croyons ne pouvoir perdre, ni de nos collègues, ni de nos commettans, ni de tous les Français, par des imputations calomnieuses, toujours très-faciles à détruire, sur-tout lorsqu'elles sont lancées par des êtres que la rage dévore autant que l'ambition, nous garantissent l'inefficacité des moyens qu'ils tenteroient encore d'employer contre nous, et nous donnent la certitude que ce ne sera pas impunément qu'ils nous attaqueront, quelle qu'en soit l'occasion.

Signé, GASTAUD.

PIÈCES

A L'APPUI DE LA PRÉSENTE RÉPONSE.

N⁰. Iᵉʳ.

Déclaration de Jules Fossati du 19 brumaire an 7 de la République française, une et indivisible.

Extrait des registres du gr.ffe du juge-de-paix du canton de Nice, première division.

L'an sept de la République française, une et indivisible, et le dix-neuf du mois de brumaire, à Nice.

Pardevant nous, François *Magallon*, juge-de-paix de la première division de cette commune, est comparu le citoyen Victor *Tyranti*, notaire en cette commune, lequel agissant pour la dame *Piossasco*, née *Lascaris*, domiciliée à Turin, nous fait instance de recevoir la déposition du citoyen Jules *Fossati*, ci-devant domestique de feu Jean-Paul *Lascaris*, de cette commune ; et adhérant à sa réquisition, avons déféré le serment audit citoyen Jules *Fossati*, à la forme prescrite par la loi ; lequel, après avoir déclaré n'être ni parent, ni allié, ni domestique, débiteur, ni créancier à ladite dame *Piossasco* ; et après avoir promis de dire la vérité, toute la vérité, et rien que la vérité, a fait la déclaration suivante :

Moi, Jules *Fossati* fils, au vivant Dominique, natif et domicilié en cette commune, agriculteur, puis assurer et attester avec vérité que, quand le citoyen Jean-Paul *Lascaris* est parti de cette commune, dans le mois de vendémiaire an six, j'ai porté pour lui deux sacs remplis d'argent, qui me furent consignés par le même Jean-Paul *Lascaris*, sur la barque où ledit citoyen *Lascaris* s'embarqua, laquelle barque étoit commandée par le patron *Pataluc*, lequel aussi en porta un autre sac, et deux autres sacs furent portés par ses mariniers, et deux autres par le citoyen Constantin *Martin*, lesquels sacs remplis d'écus pouvoient contenir de trente-cinq à quarante louis chaque, lesquels sacs , au nombre de sept , furent remis audit citoyen *Lascaris* , aussitôt arrivé à Vintimille ; et j'ai vu quand le même citoyen *Lascaris* remit deux bourses remplies d'or au citoyen Dominique *Benza* , et j'avois vu ledit or peu de jours auparavant le départ , sans cependant l'avoir vu compter ; mais je puis attester qu'il y avoit des doubles louis en or et des louis simples , et il y avoit aussi des doubles de vingt-quatre et de douze livres en or de Savoie , et qu'il y avoit aussi des quadruples d'Espagne , mais pas beaucoup dans un paquet ; que ces paquets , quatre à cinq jours après le départ dudit citoyen *Lascaris* de Nice , furent portés au même citoyen *Lascaris* par ledit citoyen *Benza* aux écluses de Vintimille. Je puis aussi attester que le comte d'*Olengo* a donné les deux montres d'or du citoyen *Lascaris* à *Millo* père , en lui disant qu'une étoit pour lui et l'autre pour son fils ; qu'y étoient aussi les boucles en or des culottes et la boucle du col aussi en or ; une canne avec la pomme en or ; un cure-oreille en or ; deux chandeliers en argent , pesant quarante-deux onces , que ledit *Lascaris* avoit gagné à la loterie , ainsi qu'un bougeoir d'argent , et diverses autres pièces , consistant en quatre services de table , douze cuillers à soupe , cinq cuillers à café , cinq petits aiguilliers , le tout en argent , sans compter une malle d'argenterie , deux tabatières en or , et deux cents louis en or , qui sont à un compte et consignation séparés. J'observe que ces deux cents louis en or , laissés à Nice , étoient en tout des gros écus ; mais que ces écus qui sont restés à Nice , ne sont pas du nombre de ceux qui formoient les sept sacs susdits portés auxdites écluses. Je puis de plus attester que ledit *Millo* , quand ledit *Lascaris* étoit malade , dit à moi et à l'autre domestique , qu'un d'eux pouvoit aller dormir jusqu'à minuit , et l'autre veiller , et qu'à minuit , l'autre l'auroit relevé ; que Constantin *Martin* alla en effet dormir , et , dans cet intermédiaire , ledit *Millo* me dit d'aller prendre de l'eau , et , dans ce temps , il prit les deux boucles d'or qui étoient sur une petite table , et je suis sûr que ces boucles étoient sur ladite petite table , puisque peu de temps avant se coucher , le citoyen *Lascaris* nous dit de vuider un coffre pour y pouvoir mettre de l'argent ; mais nous répondîmes que nous ne savions où mettre le linge , et alors le citoyen *Lascaris* nous dit de laisser le tout à sa place , et , en effet , personne n'y toucha plus. De plus , j'ajoute que je fus appellé par ledit *Millo* , en la présence du citoyen *Massa* , afin que je lui portasse une serviette pour y mettre les monnoies d'argent , et alors on me demanda si je savois combien de sacs d'argent il y avoit , et je répondis qu'il y en avoit sept , mais que manquoient les sacs d'or ; alors ledit *Millo* répondit que le citoyen *Lascaris* avoit remis les deux sacs d'or à des *personnes sûres* , et qu'ils lui avoient fait un billet ; et j'ajoute finalement que je n'ai jamais entendu dire que lesdits sacs d'or aient été remis à M. le comte d'*Olengo*. Et a dit ne se rappeler de rien autre.

Et après avoir réitéré lecture audit citoyen *Fossati*, il a persisté pour contenir vérité ; et enquis de signer, a dit ne savoir, et le citoyen *Tyranti* a signé avec nous.

Signé, Victor Tyranti ; Magallon, juge-de-paix ; Honoré Ugo, secrétaire-greffier.

Enregistré à Nice, le vingt-un brumaire an sept républicain. Reçu un franc ; *signé*, Laugier, vérificateur.

Certifié conforme à l'original, par nous juge-de-paix, et secrétaire-greffier de la première division ; *signé*, Magallon, juge-de-paix ; Honoré Ugo, secrétaire-greffier.

Certifié conforme à la pièce transmise au ministre des finances, le 5 pluviose an 7 de la République.

Signé, GASTAUD, du Conseil des Anciens.

N°. I I.

Déclaration de Constantin Martin, fils de Jean-François, du 19 brumaire an 7 de la République.

Extrait du registre du greffe du juge-de-paix du canton de Nice, première division-

L'an sept de la République française, une et indivisible, et le dix-neuf du mois de brumaire, à *Nice*.

Pardevant nous François *Magallon*, juge-de-paix de la première division du canton de Nice, est comparu aussi le citoyen Constantin *Martin*, fils du citoyen Jean François, natif et domicilié dans cette commune, à la demande du citoyen Victor *Tyranti*, notaire public en cette dite commune, agissant pour la dame Constance *Piossasco*, née *Lascaris*, domiciliée à *Turin*. Ledit Martin, après avoir prêté serment à la forme prescrite par la loi, et déclaré ni être parent, allié, créancier, débiteur, ni autre de ladite dame *Piossasco*, et avoir promis de dire la vérité, rien que la vérité, a fait la déclaration suivante.

Moi Constantin *Martin*, cultivateur, puis assurer et attester avec vérité que, quand le citoyen Jean-Paul *Lascaris* est parti de cette commune dans le mois de vendémiaire an six, j'ai porté pour lui deux sacs remplis d'argent , qui me furent consignés par le même Jean-Paul Lascaris sur la barque , où ledit Jean Paul Lascaris s'embarqua ; laquelle barque étoit commandée par le patron Pierre *Pataluc* , lequel aussi en porta un autre sac , et deux autres sacs furent portés par les mariniers , et deux autres par le citoyen Jules *Fossati* , lesquels sacs remplis d'écus pouvoient contenir de trente-cinq ou quarante louis ; lesquels sacs au nombre de sept , furent remis audit citoyen *Lascaris* , aussitôt arrivé à *Ventimille* ; et j'ai vu quand le citoyen *Lascaris* remit deux bourses remplies d'or au citoyen Dominique *Benza* , et j'avois vu ce dit or peu de jours auparavant le départ , sans cependant l'avoir vu compter ; mais je puis attester qu'il y avoit des doubles louis en or et des louis simples ; il y avoit aussi des doubles de vingt-quatre et de douze livres en or de Savoie , et qu'il y avoit aussi des quadruples d'Espagne , mais pas beaucoup , dans un paquet ; que les paquets , quatre ou cinq jours après le départ dudit citoyen *Lascaris* de Nice , furent portés au même citoyen *Lascaris* par ledit citoyen *Benza* aux écluses de Vintimille. Je puis aussi attester que le comte d'*Olengo* a donné les deux montres d'or du citoyen *Lascaris* à *Millo* père , en lui disant que l'une étoit pour lui et l'autre pour son fils ; qu'y étoient les boucles en or de culottes et les boucles du col aussi en or ; qu'y étoit une canne avec la pomme en or , une cure - oreille aussi en or ; qu'il y avoit deux chandeliers en argent pesant quarante-deux onces , qu'il avoit gagnés à la loterie ; ainsi qu'un bougeoir d'argent ; qu'il y avoit diverses pièces d'argent , consistant en quatre services de table , deux cuillers à soupe et cinq cuillers à café , cinq petits aiguilliers en argent , et les boucles pour les souliers aussi en argent , sans compter en cela ni une malle d'argenterie , ni deux tabatières en or , ni deux cents louis , qui sont à un compte et consignation séparés. J'observe que les deux cents louis d'or laissés à Nice étoient en tout de gros écus ; mais que les gros écus qui sont restés à Nice ne sont pas du nombre de ceux qui formoient les sept sacs susdits , portés auxdites écluses. De plus , je puis attester que ledit *Millo,* quand ledit citoyen *Lascaris* étoit malade , dit à moi et à l'autre domestique , qu'un d'eux pouvoit aller dormir jusqu'à minuit , et l'autre veiller ; et qu'à minu t l'autre l'auroit relevé. Je fus en effet me coucher , et depuis lors je n'ai plus vu lesdites boucles qui étoient sur une petite table ; et que peu de temps avant me coucher ledit *Lascaris* nous dit de vuider un coffre pour y pouvoir mettre l'argent ; mais ayant répondu que nous ne savions où mettre le linge , il nous dit de laisser le tout à sa place , et en effet personne n'y toucha plus. De plus , j'ajoute que je fus appelé par ledit *Millo* en la présence du citoyen *Massa* , afin que je lui portasse une serviette pour y mettre les monnoies d'argent ; et alors on me demanda si je savois combien de sacs d'argent il y avoit , et je répondis qu'il y en avoit sept , mais qu'il manquoit les sacs d'or ; alors ledit *Millo* répondit que le citoyen *Lascaris* avoit remis les deux sacs d'or à DES PERSONNES SURES, qu'ils lui avoient fait un billet ; et j'ajoute finalement que je n'ai jamais entendu dire que lesdits sacs d'or aient été remis à M. le comte d'*Olengo*. Et a dit ne se rappeler de rien autre. Et après réitérée lecture , persistant, requis de signer, a dit ne savoir ; et le citoyen *Tyranti* a signé avec nous.

Signé, Victor *Tyranti* ; *Magallon*, juge-de-paix ; Honoré *Ugo*, secrétaire-greffier.

Enregistré à Nice, le vingt-un brumaire an sept de la République. Signé , *Laugier*, vérificateur.

Certifié conforme a l'original par nous juge-de-paix et greffier de la première division , soussignés , *Magallon*, juge-de-paix ; Honoré *Ugo*, fecrétaire-greffier.

Certifié conforme à la pièce transmise au ministre des finances le cinq pluviôse an sept de la République.

Signé , *Gastaud* , du Conseil des Anciens.

Nº. III.

Déclaration de Constantin Martin , du 24 nivose an septième républicain.

Extrait du registre du greffe du juge-de-paix du canton de Nice, première division.

Ce jourd'hui vingt-un nivose de l'an sept républicain , à *Nice* , chef-lieu du département des Alpes-Maritimes :

Par-devant nous François *Magallon*, juge-de-paix de la première division de ce canton, est comparu le citoyen Constantin *Martin*, qui dit être âgé de trente-deux ans environ, servant à gages, natif et habitant de cette commune, et s'être présenté sur l'invitation et instance du citoyen Jean-Baptiste *Oberti*, ex-président de l'administration centrale de ce département, pour faire la déclaration dont la teneur suit :

A quoi ayant nous juge-de-paix adhéré, le susdit Constantin *Martin* a déclaré que se trouvant en qualité de domestique auprès du feu Jean-Paul-Augustin *Lascaris* , au moment que, obligé de

Gastaud (des Alpes-Maritimes.)   F

sortir du territoire de la République par l'effet de la loi du dix-neuf fructidor, il se refugia dans une maison, sise au quartier des *Cuses*, terroir de Vintimille, appartenante aux frères *Massa*, de Menton, et qu'il a vu ces mêmes frères *Massa*; savoir, le commissaire près la municipalité de Menton, le curé de la même commune, et l'ex-récollet, visiter journellement ledit Jean *Lascaris*, et que peu de temps avant la mort de ce dernier, et dans la circonstance que le même *Lascaris* se trouvoit par la force de la maladie hors d'état de connoissance, par commission du citoyen Alexandre *Massa*, commissaire susdit, et du citoyen *Millo*, de la commune de *Peille*, il porta une quantité d'argent en écus, renfermée dans une serviette, qui fut cachetée avant qu'on lui en fit la rémission de la maison qu'il habitoit alors comme ci dessus, ledit *Lascaris* dans celle dudit citoyen Alexandre *Massa*, sise dans la commune de Menton, dans laquelle il laissa ledit argent en le consignant audit citoyen *Massa*, qui l'avoit accompagné, ainsi que ledit citoyen *Millo*, depuis ladite maison qu'habitoit ledit Lascaris, jusqu'a celle dudit citoyen *Massa*. Et plus n'a dit savoir.

Laquelle déclaration le susdit Constantin *Martin* l'a affirmée sous le serment requis par la loi; et, après lui en avoir fait lecture, persistant, a dit contenir vérité, et enquis de signer a dit ne savoir, ajoutant n'être parent, allié, créancier, ni autre dudit citoyen *Oberti*.

Dont, et de tout ce que dessus, nous juge-de-paix susdit avons donné acte audit citoyen *Oberti*, d'après l'instance qu'il nous en a faite, pour lui servir et valoir dans tous les cas à ce que de droit et de raison, et a signé avec nous.

A Nice, l'an, mois et jour susdits.

Signé à l'original, Jean-Baptiste *Oberti*; *Magallon*, juge-de-paix; Honoré *Ugo*, secrétaire-greffier.

Enregistré à Nice, vingt-deux nivose an sept. — Reçu un franc. *Signé*, LAUGIER, vérificateur.

Certifiée conforme à l'original la déclaration ci-dessus, par nous juge-de-paix et greffier de la première division, *soussignés*, MAGALLON, juge-de-paix; Honoré UGO, secrétaire-greffier.

Certifié conforme à la pièce transmise au ministre des finances le 5 pluviose an 7 de la République.

Signé, GASTAUD, du Conseil de Anciens.

N°. I V.

Déclaration de Julles Fossati, fils à Dominique, du premier pluviose an septième républicain.

Extrait du registre du greffe du juge-de-paix du canton de Nice, première division.

Cejourd'hui premier du mois de pluviose, septième année de la République française, une et indivisible, à Nice, chef-lieu du département des Alpes Maritimes, pardevant nous François Magallon, juge-de-paix de la première division du canton de Nice, est comparu le citoyen Julles Fossati, fils à Dominique, natif et domicilié en cette commune; lequel, moyennant serment qu'il a prêté en conformité des lois, a, sur l'invitation du citoyen Jean-Baptiste Oberty, habitant dans la même commune, ici présent, déclaré ce qu'il suit; savoir,

Qu'étant au service de feu Jean Paul-Augustin Lascaris, à l'époque qu'il fut obligé de quitter le sol de la République d'après les dispositions de la loi du 19 fructidor, il suivit ledit Lascaris dans sa réémigration, et l'accompagna jusques sur le territoire de Vintimille, où il se refugia dans une maison de campagne, sise au quartier des Cuses, appartenante aux frères Massa, de la commune de Menton; que ledit Lascaris, refugié dans ladite maison, ayant été attaqué avec violence d'une maladie ordinaire qui le tourmentoit depuis long-temps, il étoit visité souvent par lesdits frères Massa de Menton; savoir, le commissaire de la commune, le curé de la même commune, et le ci-devant Recolet, dont ces deux derniers faisoient audit Lascaris des visites plus fréquentes que le commissaire susdit; que quelques jours avant la mort dudit Lascaris, et dans la circonstance que la force de la maladie avoit mis ce dernier hors de connoissance, lui déclarant fut appelé par le citoyen *Millo*, de Peille, homme d'affaires dudit Lascaris, et en présence dudit commissaire *Massa*, lui demanda une serviette; qu'ayant acquiescé à cette demande, lesdits citoyens *Millo* et *Massa* s'approchèrent d'un tiroir qui se trouvoit dans l'appartement même où ledit Lascaris étoit couché, et le citoyen Millo ayant ouvert ledit tiroir, en tira quatre à cinq sacs, contenant, d'après son jugement, de vingt-cinq à quarante louis en écus de France, et déposa ces mêmes sacs dans ladite serviette, qu'il ferma avec une petite ficelle, et qu'il cacheta ensuite avec de la cire d'Espagne, sur laquelle il apposa le cachet dudit Lascaris ; que le même jour ledit citoyen Millo chargea le citoyen Constantin Martin, qui étoit également au service dudit Lascaris, d'apporter ladite serviette renfermant lesdits sacs chez le citoyen *Massa*, commissaire, qui étoit présent, et que ledit Constantin Martin, d'après cet ordre, prit ladite serviette, et sortit de la maison, où étoit ledit Lascarès en compagnie dudit commissaire *Massa* et *Millo*, pour la transporter, comme il fit, chez le même citoyen *Massa*, dans la commune de Menton. Et plus n'a dit savoir. Et, après réitérée lecture, persistant, enquis de signer avec nous, a dit ne savoir.

Dont et de tout ce que dessus avons donné acte audit citoyen Oberty, d'après l'instance qu'il nous en a faite, pour lui servir et valoir dans tous les cas à ce que de droit et de raison, et a signé avec nous.

Fait en notre bureau ordinaire, à Nice, l'an, mois et jour susdits.

Signé à l'original, Jean-Baptiste Oberty ; Magallon, *juge-de-paix* ; Honoré Ugo, *secrétaire-greffier.*

Certifié conforme à la pièce transmise au ministre des finances le 13 pluviose, an septième républicain.

Signé, GASTAUD, *du Conseil des Anciens.*

N°. V.

Extrait d'un article de lettre du citoyen Tremois, administrateur du département, au citoyen Gastaud, représentant du peuple.

Nice, le 15 fructidor, an septième républicain.

Il n'est plus possible, mon cher ami, de résister aux calomnies que le citoyen . . . . . . se permet contre l'administration centrale. Ma dernière t'avoit informé de la défaveur qu'il cherchoit à déverser sur les administrateurs dans les cantons qu'il a parcourus ; mais c'est bien autre chose aujourd'hui : prévarications, forfaitures, sont les complimens ordinaires dont il nous honore. Il a eu l'impudence de faire sourdement ébruiter qu'on avoit exigé mille louis pour déclarer non émigré le ci-devant comte *Lascaris*. Il n'y a pas enfin de sottises dont il ne cherche à nous abreuver. Si cet homme avoit le courage d'attaquer ouvertement, et dénoncer ceux qui ne veulent pas seconder ses excès, il ne seroit pas difficile de confondre l'imposture ; mais ce n'est que dans le silence qu'il fait propager des bruits calomnieux, fidèle au système atroce de *Machiavel*, qui dit : *Calomniez toujours, il en reste toujours la cicatrice.* Une conscience pure, et une conduite sans reproche ne suffit pas contre les attaques de la malveillance, lorsqu'elles ne sont pas ouvertes.

N°. VI.

Extrait d'un article de lettre du citoyen Scudery, autre administrateur du département, au citoyen Gastaud, représentant du peuple.

Nice, le 7 vendémiaire, an septième républicain.

Je travaille à un rapport par écrit pour prouver que le ci-devant comte *Lascaris* est vraiment émigré ; je dois prendre toutes les précautions, puisque *Massa* m'a dit qu'il fera de cette affaire une affaire à lui personnelle : quel qu'en soit le résultat, je te le transmettrai avec le rapport que je ferai, et que je demanderai qu'il soit consigné dans le registre des séances.

N°. VII.

Extrait d'un article de lettre du cit. Roassal, commissaire du Directoire exécutif près les tribunaux civil et criminel du département, au cit. Gastaud, représentant du peuple.

Nice, le 9 vendémiaire, an septième républicain.

Je suis après à reconnoître si la supposition qu'on m'a faite d'une cabale de Piémontais, tendant à s'emparer des emplois et places, à obséder ton successeur, que j'étudie, à vouloir aussi dominer ici, existe réellement ; on m'a dit aussi qu'on s'agite de tous côtés pour obtenir gain de cause à l'administration départementale sur l'affaire *Lascaris :* je ne voudrois pas que l'administrateur qui s'est le plus prononcé depuis sa nouvelle réelection contre les émigrés, et qui s'oppose à ce que les biens dudit *Lascaris* ne soient soustraits à la République, fût calomnié et persécuté : je dois l'aider au rapport qu'il fera de cette affaire pour l'intérêt de la République.

F 3.

N°. VIII.

Extrait d'un autre article de lettre du susdit citoyen Roassal, commissaire, etc. audit représentant Gastaud.

Nice, le 25 vendémiaire an 7 républicain.

La cabale dont j'ai parlé par ma précédente du 9 de ce mois, n°. 3, continue son train, et je crains qu'elle ne fasse beaucoup de mal : j'ai fait le rapport que *Scudery* devra lire et signer à la séance qui sera assignée pour l'affaire *Lascaris* ; il demandera qu'elle soit paraphée, et mention en soit faite au procès-verbal. *Dabray*, auquel *Scudery* en a fait lecture, l'a trouvé bien. Je ne sais pas ce qu'en dira *Massa*, qui a manifesté une opinion contraire. Il faudra bien qu'il en change malgré lui, car il n'a pas encore connoissance des raisons et des lois sur lesquelles il est basé : néanmoins, comme on sait que le rapport n'est pas favorable, on n'a pas encore assigné la séance ; et sur la demande de *Scudery*, de lui en assigner une incessamment, Massa a fait ajourner à la prochaine décade : je doute qu'alors on cherchera encore d'autres délais. En attendant l'on travaille à grande force, et le plus secrètement, afin que toi ni *Dabray* en puissiez rien pénétrer, et venir à bout de faire destituer *Scudery*, sans que vous le sachiez. Voilà les manœuvres de ces réfugiés Piémontais, soi-disant patriotes. Je te prie de surveiller les manœuvres qu'ils emploieront à Paris, pour les déjouer pour le bien de la République. En attendant, je ferai de mon mieux ici pour reconnoître quel est le véritable but de cette cabale d'étrangers qui paroît vouloir nous dominer. Je ne te dis rien de *Massa* : je ne t'en parlerai que lorsque je l'aurai connu.

Certifiés les quatre précédens extraits d'articles de lettres conformes aux originaux, communiqués le 8 nivose dernier à l'ex-directeur *Merlin*, et transmis par copie avec d'autres pièces au ministre de l'intérieur le 13 du même mois.

Signé, Gastaud, *du Conseil des Anciens.*

N°. I X.

Copie de la lettre de François Feroggio *, à son beau-frère* Jano *, secrétaire de madame* Piossasco *, sœur de l'émigré* Lascaris *, datée de Nice du 21 juillet 1798 (vieux style).*

Nell' ultima mia dei 30 scaduto giugno ti avevo fatto sperare di dirti in breve qualche riscontro favorevole riguardo alla radiazione *Lascaris*, e t' indicavo, che avrei forze terminato felicemente ogni cosa. Poco mancò, mio caro, che tutti i miei piani fossero ruinati e che la causa della radiazione fosse intieramente perduta. Eccotene il contenuto, il quale incomincia un poco da lungi, et che ti raconto circonstanziatamente per metterti nella situazione di giudicare dell' imperiosita degli accidenti, che diedero norma alle mie operazioni.

Le mie lettere dei 27 ultimo marzo informarono te e madama *Piossasco*, che il ministro della polizia generale aveva spedito à questa amministrazione tutte le carte ed attestazioni relative alla radiazione *Lascaris*, invitandola a decidere sulla verità dei fatti in essa contenuti. Mi fu' bisogno allora lo sacrificio di 50 luiggi d'oro per allontanare il fulmine, che mi sovrastava, giache' diversi volevano assolutamente dichiararlo emigrato ed ordinare anzi la vendita generale de' beni in vista principalmente delle sommissioni che gia se n' eran fatte.

Il mio sacrificio adunque fu allora utile ed avvantaggioso, perchè mi dava il tempo DI COMBINARE A PARIGI CON MASSA LE OPERAZIONI che mi restavano a fare per ottenere un felice scioglimento di tutto.

L'amministrazione intanto, la quale arguiva che il mio viaggio à *Parigi* poteva essere della più grande utilità all' affare, ha preteso di farmi una grazia segnalata nel lasciare à me tutto il merito di sciogiere la questione.

In vece adunque di dichiararlo emigrato deffinitivamente, come era l'opinione di molti, risposero al ministro che l'amministrazione non era nel caso di decidere sulla emigrazione, o non emigrazione del *Lascaris*, perchè il di lui caso era soggetto à due diverse leggi, di cui una era in contradizione coll' altra.

Lascaris era entrato nel territorio della Republica in seguito ad una legge de' *coloni marsigliesi*, la quale autorizzava l'amministrazione à concedere un prolungo à tutti quelli che avrebbero fatto legalmente constare d' impossibilità d'ubbidire all' epoca che la legge ordinava.

Secundo questa legge *Lascaris* non poteva essere considerato emigrato, perchè risultava dalla dichiarazione spedita dalle' autorità constituite d' allora ch' egli era rientrato pendente il prolungo statogli accordato.

Ma la legge dei 25 brumajo anno 4°., posteriore a quella de' *coloni marsigliesi*, dichiarando emigrati tutti quelli generalmente che non erano entrati prima dè 25 marzo 1793, poteva far sospettare dell' emigrazione del *Lascaris*. In questa contrarietà di leggi l'amministrazione consultava il ministro per vedere quale delle due doveva appigliarsi al fatto *Lascaris*.

Tu puoi essere persuaso, mio caro *Jano*, che, inseguito alla risposta di quest' amministrazione, non si è tralasciato ne da MASSA, ne da me, d' impiegare tutti i mezzi che erano in nostro potere, onde ottenere dal ministro l'ordine à quest' amministrazione di giudicare il fatto *Lascaris* secondo la legge de' *coloni marsigliesi*, facendo presente, che non le si poteva applicare quella dei 25 brumajo anno 4°. perchè nel caso nostro ella avrebbe avuto un effetto retroattivo, e per conseguenza contrario allo spirito della costituzione. Si è data oltreciò una petizione ragionata al Direttorio esecutivo medesimo, affinchè prendendo in considerazione tutte le nostre ragioni decidesse definitivamente sull' affare senza più consultare nè il ministro della polizia, nè questo dipartimento.

Qualcheduno cui si eravamo diretti per quest' oggeto ci fece risposta che il D. E. avrebbe riguardato all' occasione favorevolmente il nostro affare; ma che non poteva intanto dispensarsi di rimandarlo di nuovo al ministro della polizia per averne il rapporto. J nostri sforzi si diressero allora nuovamente tutti presso il ministro. Non si è perdonato nè à passi, nè à SACRIFIZI, per ottenere il nostro intento, vale a dire l'ordine à quest' amministrazione di pronunziare su *Lascaris* secondo la legge de' *coloni marsigliesi*. Tutti i nostri impegni se non hanno potuto intieramente produrre l' effetto desiderato, ottennero almeno, CHE IL MINISTRO NON AVREBBE RISPOSTO ALLA LETTERA DELL' AMMINISTRAZIONE, perchè rispondendo non potevà à meno di dare il suo parere per la legge dei 25 brumajo anno 4°. la legge de' coloni marsigliesi non avendo più alcuna forza nella Republica.

Combinate in tal modo le cose, ho rivolto le mie mire per far decidere favorevolmente l'amministrazione, riservandomi poi COLL' AJUTO DI MASSA e di qualche altra persona potente di far approvare à Pariggi quello che si sarebbe fatto à Nizza, ho preparato da lungi le mie batterie.

Come gia ti scrissi, avevo con me ne' viaggi di Pariggi un amministrato e che accompagnò *Gastaud* e che fù meco di ritorno con MASSA. Esso è un giovine di talento, il quale godendo la stima di suoi collega poteva dare molta influenza alla felice conclusione del nostro affare. Combinai adunque con lui tutte le operazioni che mi restavano à fare, e lo informai al minuto DI QUANTO AVEVO FATTO CON MASSA. Lo tenevo occupato di questo in tutte le occasioni che mi si presentavano, e tali gia erano le nostr° intelligenze che io sperava al mio arrivo à Nizza di vedere fra pocchi giorni tutto terminato à norma de' miei desideri.

Fù allora che io ti scrissi precisamente che mi lusingava d' annonziarti in breve tempo per espresso la felice nuova della radiazione.

Passati i primi giorni del nostro arrivo, intavolai nuovamente l' affare coll' amministratore il mio compagno di viaggio mettendo però l'amico *Debernardi* à parte delle mie operazioni.

Non ho parlato allora à *Benza*, perchè non si voleva assolutamente che io ne parlassi con lui. Fui poi obbligato, come vedrai in appresso, à metterlo anche nella mia confidenza per non imbrogliarmi. Ero preventivamente persuaso, che gli eredi *Lascaris* non avrebbero ottenuto l' intento se non disponevansi ad un sacrifizio riguardevole, e proporzionato all' utile che ne dovevano ricavare. Mi si era gia parlato di questo sin da *Pariggi*, ed io à nome della mia principale mi ero dichiarato disposto à secondare per questo verso quanto mi sarebbe stato suggerito.

Eccoti, mio caro *Jano*, il conto verosimile che mi si presenta confidenzialmente per appoggiar la dimanda che mi si fa da TUTTI GLI AMMINISTRATORI, se vogliono da loro ottenere la conclusion di tutto.

Se si dasse luogo alla vendita de' beni *Lascaris*, essi non importerebbero alla Republica meno di quattro millioni in mandati, cioè 200 m. tt e più in numerario. Gli amministratori hanno il mezzo per milla di dritto loro concesso dalla legge sulla vendita di ciascun bene nazionale. Questo dritto loro si paga dagli acquisitori in numerario sulla somma à cui montano i beni in mandati. Ciò posto la vendita de' beni *Lascaris* dovrebbe produrre agli amministratori un avvantaggio reale di 20 m.tt, e più.

Essi non vogliono assolutamente perdere quest' avantaggio, anzi, siccome s' agisce di fare un servizio di grande considerazione agli eredi *Lascaris*, essi pretendono non solo di assicurarsi quanto non li può fuggire dalle mani in caso di vendita, ma di avere di sovra più una gratificazione proporzionata. In una parola gli amministratori non dimandano meno di 30 m.tt in numerario per fare l' arrestato della définitiva radiazione di *Lascaris*, e vogliono essere per una porzione pagati anticipatamente , e per l'altra assicurati per un biglietto.

Quando mi sono sentito fare una simile proposizione ed assicurare , che senza questo non si sarebbe certamente ottenuto alcuna conclusione favorevole , combinai allora con *Debernardi* di mettere *Benza* nelle mie confidenze per non imbarrassare la mia principale. Feci dunque à *Benza* la narrazione in minuto di quanto mi era succeduto , et le dissi che non c'era altro mezzo di sortire dell' imbroglio che di pensare allo sborzo di 3o m^{tt}, in caso di felice riuscita , tanto-più che questo sborzo non avrebbe costato un soldo nè à lui , nè alla mia principale , perchè un fondo consimile e maggiore ancora esisteva gia in deposito parte sulla commune di *Peglia* e parte sù questa tesoreria.

Benza non frappose difficoltà di concorrere in tutto , e siccome non si voleva ch' egli fosse informato d'alcuna cosa, mi promise intieramente il secretto , e mi diede la libertà d'agire. Tu vedrai dalle due dichiarazioni che quà t' acchiudo à quanto siasi obbligato *Benza* ed à quanto io mi sia pure obbigato per ottenere lo sborzo e la communione di tutte le spese.

Assicurato adunque dalla parte di *Benza* ho voluto subito proseguire le mie operazioni. Ero gia in procinto di terminarle , ed ottenere l'arrestato della radiazione definitiva , quando mi si addomandò un' assicurazione legale delle 3o m^{ll}. Risposi di non avere alcuna difficoltà di far quest' assicurazione , ma che vi volevo apporre la condizione , che lo sborzo avrebbe avuto luogo quando l' arrestato del dipartimento fosse stato approvato in Pariggi.

La mia proposizione fù ricevuta di mal' umore , perchè mi si disse , che non potendovi essere alcun ostacolo per l'approvazione in Pariggi , tanto-più che MASSA poteva attivarla con tutto il calore, io non doveva frapporre alcuna difficoltà à stendere questa assicurazione. Non mi lasciai rimuovere dal mio proponimento per conto alcuno. *Benza*, che seguiva passo à passo le mie operazioni, partecipava il mio parere.

Le cose erano su quello piede quando sia . . . . (1), sia caso fortunato venne presentata da diversi particolari di *Nizza* una petizione ragionata al dipartimento, in cui s' addomandava che si decidesse finalmente sull' emigrazione del *Lascaris* e si facesse luogo alla vendita de' beni nelle conformità prescritte dalle leggi. Io ho raggione di credere che questa petizione sia stata accompagnata dalla

____

(1) Cette lacune d'un mot existe dans la copie qui se trouve auprès du citoyen Gastaud.

promessa di qualche regallo perchè ho trovato troppa gente à favorirla ; qualcheduno anzi per una vendetta particolare ha voluto partecipare la decisione favorevole alla petizione, in modo che mi son trovato in procinto di perdere in un momento tutto il frutto de' MIEI SUDORI. Ti dirò solamente che l' arrestato per decretare la vendita de' beni *Lascaris* era già preso et che non vi mancavano che le signature degli amministratori. VOLAI DA MASSA, il quale non poteva opporsi à questa determinazione perchè si prendeva senza suo assenso e intervento. Mi raggirai da una parte e dall' altra e mi son trovato sul punto di presentarmi da un giudice di pace per ivi deporre la mia procura, giacchè non mi reggeva coraggio di vedere ad onta de' miei sforzi tutto rovinato in un momento.

Portai finalmente à forza di preghiere e di promesse qualcheduno dei amministratori à sospendere d'un giorno solo le loro determinazioni, prevedendo benissimo che, qualora l' arrestato per la vendita fosse stato preso, era difficilissimo di farlo rivocar da *Pariggi*, perchè la costituzione garantisce li compratori da qualunque retrocessione.

Profitai della dilazione accordatami à tutto stento per riassumere i miei impegni, ma ritrovai gli amministratori inesorabili, e direi quasi altieri. In forma di grazia si sono a'fine risolti di stare alle prime intelligenze, vale à dire, di farmi l' arrestato di radiazione definitiva mediante l' obbligazione legale di 30 m ^{tt}.

Questo era il medasimo di farne nulla, perchè non volevano assolutamente permettermi che io mettessi nella obbligazione alcuna espressione condizionale. Dopo molte conbinazioni finalmente, di cui è inutile che io ti racconti i particolari, promisi loro di fare l' obbligazione nel modo da essi desiderato, quando fos i stato à ciò autorizzato dalla mia principale ; ma che essendomi per ciò necessario d'aver qualche giorno di tempo per avere una risposta, essi doveano sospendere in questo frattempo ogni loro decisione.

Non volevano assolutamente arrendersi a questa proposizione, perchè in caso di negativa della parte della mia principale, si prolongava maggiormente la vendita de' beni, e loro veniva per conseguenza differito l' utile che da essi doveano ricavarne. Finalmente à forza di conbinazioni, di raggiri e di promesse vicendevoli si è conchiuso di concedermi il tempo di cui avrei avuto bisogno per scrivere à Torino, mediante lo sbor o di 3 m ^{tt}, le quali si sarebbero poi compensate nelle lire 30 m ^{tt} che addimandano.

O questa minestra, o questa finestra, io non avevo altro mezzo. Il partito, benchè violento e crudele per me, è stato il solo che io abbia potuto abbracciare per non perdere il frutto de' SACRIFICI GIA FATTI, e per non rovinar la causa principale. Si trattava allora di trovare questa somma ; *Benza* nello spedirmi la dichiarazione di cui ti tras-metto copia mi disse ch' egli mi avrebbe abbonato tutti i miei conti, ma che non era per il momento nel caso di farmi alcun sborzo perchè non solamente egli non aveva alcun fondo, ma che si trovava ancora in credito di lire 2 m.^{li} verso li eredi *Lascaris*.

Procurarmi altrove un fondo consimile mi si addomandava dal sei all' otto per cento d' interesse : *Debernardi* non poteva ajutarmi. In somma io non ho avuto altro mezzo che di rimettere à conto di lire 3 m. tutta l' argenteria di madama *Piossasco* che avevo nelle mani per far fronte all' impegno.

Debernardi, *Vinai* e qualchedun altro che sono stati testimoni del mio imbarazzo, possono all' occasione attestare delle imperiosità delle circonstanze, che mi costrinsero ad una tale remissione.

Eccoti, mio caro *Jano*, il racconto preciso di tutto, ed eccoti lo stato in cui si trova l' affare.

Li eredi *Lascaris* possono assicurarsi della radiazione alle condizioni sovra enonciate. Il sacrificio da me fatto comincia à disporre gli amministratori, i quali attendono adesso l' effettuazione del resto.

Non v' e' che à riflettere sull' approvazion di *Pariggi*, la quale da quanto dice *Massa* non puo' mancare, tanto piu' che il governo approva ordinariamente le detterminazioni delle amministrazioni. Io avrei ancora il mezzo d' interressare di quà persone autorevoli per ottenerla.

Non scrivo à madama *Piossasco*, perchè ho stimato meglio di lasciare alla tua prudenza d' informarla di tutto, e di regolare l' affare in modo che senza compromettere persona, io non possa altresi essere compro-messo. Tu vedi che questo non deciderebbe d' altro che della mia perdita. Transmettimi gli ordini di madama *Piossasco*, i quali attendo con impazienza grandissima. Se le tue occupazioni ti permettessero di fare una scorsa costi, tu mi faresti un piacer signalato, e vedresti tu medesimo la situazion delle cose : forze i tuoi consigli ed i tuoi raggiri potrebbero molto contribuire all' avantaggio commune.

Comunque sia, rispondimi più presto che puoi, e dammi la norma per le mie operazioni ulteriori : dimmi principalmente se io deggio promettere la sborzo addomandatomi delle lire 30 m. . sono 5. e più ore che io scrivo tanto è la premura che io ho di far partire l' espresso.

Nizza li 21 luglio 1798.

Certifié conforme à la copie qui m'a été transmise.

Signé, Gastaud, *du Conseil des Anciens.*

N°. X.

LIBERTÉ.   EGALITÉ.

Extrait des registres des délibérations et arrêtés de l'administration centrale du département des Alpes-Maritimes.

Séance du 18 germinal an 6 de la République
française, une et indivisible.

Vu la pétition ci-contre du citoyen Emery, de la commune de
Grenoble, fondé de pouvoir du citoyen Claude - Fleury Guille associé de Guille et Riban, par laquelle il demande à être autorisé
d'exporter en pays étranger, allié ou ami de la République, les
objets d'artillerie hors de service, de rebut ou de réforme, existant
dans la direction de Nice, qui leur ont été cédés par le ministre de
la guerre, en vertu de décision du 13 vendémiaire dernier, comme
il en résulte de la lettre du chef de la troisième division de la guerre,
en date du 21 brumaire suivant, adressée aux citoyens Guille et Riban,
et présentée par le pétitionnaire ;

Vu la lettre sus-énoncée, ainsi que celle du directeur d'artillerie,
en date du 12 courant mois, dans laquelle il expose que son service,
paralysé depuis long-temps par la pénurie de fonds, alloit être activé
par le versement dans sa caisse du produit de la vente desdits objets,
sans la difficulté qui s'est présentée de ne pouvoir les exporter à l'étranger, et qu'à cet effet il prie l'administration centrale de prendre les
mesures les plus efficaces et les plus promptes pour venir à son secours
et le mettre à même d'exécuter les ordres très-pressans qu'il reçoit à
chaque instant ;

Vu la lettre du ministre des finances, écrite à cette administration
centrale, le 8 courant mois, pour lui donner l'avis de l'aliénation
des susdits objets, et l'inviter à ne mettre aucun obstacle à l'exécution des mesures prises par le ministre de la guerre, en lui recom-
mandant expressément de concourir à l'exécution de l'arrêté du Directoire exécutif, du 22 brumaire dernier, relatif aux ventes de cette
nature ;

Vu l'avis donné par le citoyen Chambeiron, receveur principal des
douanes nationales de ce département, en absence du directeur, dans

lequel il est dit, entre autres choses, que le réclamant faisant constater de la manière la plus authentique l'inutilité des pièces d'artillerie dont il s'agit, elles doivent rentrer dans la classe des ouvrages purement de bronze et de fer dont la sortie est permise moyennant un droit de 10 sous par quintal :

L'administration centrale du département des Alpes - Maritimes, considérant qu'on ne peut pas présumer que le ministre de la guerre, en passant le marché dont il s'agit, ait prétendu priver les acquéreurs du droit de les exporter, et par ce moyen rendre la vente nulle, en les autorisant à ne payer qu'après la livraison et l'enlevement des mêmes objets ;

Considérant qu'il résulte des procès - verbaux dressés par les commissaires envoyés *ad hoc* par le ministre de la guerre, pour la vérification des objets d'artillerie, que lesdits canons ont été réformés à cause des vices dont ils sont atteints, de même que les bombes, boulets et affûts de canon ;

Considérant que l'aliénation qui en a été faite par le ministre prouve pleinement que ces objets sont inutiles au service, et ne peuvent être regardés comme armes et munitions de guerre, mais seulement comme ouvrages en bronze et en fer dont l'exportation n'est point prohibée ;

Considérant que ces mêmes objets ne peuvent être employés en aucune manière par les particuliers ; qu'ils ne sont propres qu'à la refonte, et que les frais de leur transport dans une fonderie de l'intérieur de la République absorberoient leur valeur;

Considérant que l'intention du ministre de la guerre a été de faire verser le prix de ces objets, après leur livraison, entre les mains du directeur de l'artillerie ;

Considérant qu'il est urgent de venir sans délai au secours du service de l'artillerie, et qu'il n'existe d'autre moyen que celui d'autoriser l'exportation à l'étranger ami ou allié de la République, des susdits objets d'artillerie réformés, lors même qu'il resteroit quelque doute que leur sortie fût permise, afin de mettre promptement les cessionnaires à même de trouver les fonds nécessaires pour verser leur prix entre les mains du directeur d'artillerie de la direction de Nice ;

Considérant que cette mesure, en secondant les vues des ministres des finances et de la guerre, produit encore l'avantage d'utiliser un fonds qui deviendroit mort, sans valeur, et sans aucune utilité pour la République ni pour les particuliers ;

Considérant qu'en agissant différemment, ce seroit s'opposer au bien public, et contrarier directement les opérations, les sages mesures et les bonnes intentions des ministres ;

Considérant que le peu de valeur des objets en fer ne peut supporter les droits de sortie, ouï le commissaire du Directoire exécutif,

Arrête :

1°. Le citoyen Antoine-Augustin Emery, en sa qualité de fondé de pouvoir du citoyen Guille, associé des cessionnaires des objets d'artillerie réformés sus-mentionnés, ou qui, pour lui, est autorisé à exporter à l'étranger ami ou allié de la République les canons de bronze et de fer, bombes, boulets et affûts de canon dont il s'agit, et qui seront considérés comme ouvrages de bronze et de fer dont la sortie est permise.

2°. Les droits de sortie seront perçus et payés sur les objets de bronze, à raison de cinquante centimes par quintal, conformément au tarif.

3°. Il ne sera perçu ni payé aucun droit de sortie sur les objets de fer, attendu leur peu de valeur; mais le citoyen Emery, ou qui pour lui, sera tenu de faire rentrer dans la République par le port de Nice dans le délai de six mois, une quantité de fer neuf de fabrique de pays ami ou allié de la République, dont la valeur soit égale à celle du fer exporté, d'après un état qui en sera dressé, affirmé véritable par le directeur de l'artillerie et déposé au bureau des douanes nationales, où il sera à cet effet fourni bonne et valable caution.

4°. Les préposés auxdites douanes recevront ledit cautionnement, fourniront les expéditions requises, et se conformeront aux dispositions du présent arrêté, à peine d'être personnellement responsables des événemens fâcheux qui pourroient résulter de leur opposition.

Fait et arrêté en séance publique les jour, mois et an que dessus.

Signé, Donny, *président ;* Payany fils, et J. Raynaud, *administrateurs ;* Oberty, *commissaire du Directoire exécutif en remplacement, en marge.*

Certifié conforme par nous, président et secrétaire en chef du département des Alpes-Maritimes.

Signé, Donny, *président ;* Lanciares, *secrétaire en chef.*

N°. XI.

LIBERTÉ.   ÉGALITÉ.

*Extrait des registres des délibérations et arrêtés de l'adminis-
tration centrale du département des Alpes-Maritimes.*

Séance du 4 floréal an 6 de la République
française , une et indivisible.

Vu la pétition ci-contre des citoyens Leclerc et compagnie , négocians de cette commune, agissans d'ordre et au nom du citoyen Emery,
fondé de pouvoir du citoyen Guille, associé de Guille et Riban , cessionnaires des objets d'artillerie à eux aliénés par le ministre de la guerre
en vertu de décision du 13 vendémiaire dernier , tendante à demander
qu'une quantité d'environ cent et vingt quintaux de matière de cloches
en morceaux brisés , et une quantité de fusils de rebut hors du service,
ou étrangers, et tous réformés en raison de leurs vices , soient assimilés aux objets d'artillerie dont l'arrêté de cette administration centrale
du 18 germinal dernier a autorisé l'exportation en pays ami ou allié
de la République , comme ouvrages de bronze et de fer dont la sortie
n'est point prohibée ;

Vu l'arrêté précité du 18 germinal dernier ,

Considérant que la matière des cloches dont il s'agit n'est d'aucune
utilité à la République, ni aux habitans des départemens méridionaux ;

Considérant qu'il en est de même des fusils de rebut et réformés qui,
étant hors de service , ne peuvent plus être considérés comme des
armes , mais seulement comme des ouvrages en fer dont la sortie est
permise ,

L'administration centrale, ouï le commissaire du Directoire exécutif , arrête :

ARTICLE PREMIER.

Additionnellement à son arrêté du 18 germinal dernier , la matière
de cloches dont il s'agit est assimilée aux canons de bronze réformés,
considérés

considérés comme ouvrages en bronze, et paiera le même droit de sortie, si d'ailleurs il n'y en a aucun de fixé pour cette matière, cas auquel on se conformera au tarif.

I I.

Les fusils de rebut et réformés sont assimilés aux canons de fer, bombes et boulets hors de service et réformés, considérés comme ouvrages en fer.

I I I.

Les dispositions de l'arrêté du 18 germinal dernier sont confirmées et appliquées au présent, et les préposés de la douane sont requis de s'y conformer.

Fait et arrêté en séance publique à Nice, les jour, mois et an que dessus.

Signé, Donny, *président ;* Payany fils, et J. Raynaud, *administrateurs ;* Oberty, *commissaire du Directoire exécutif en remplacement , en marge ,*

Pour copie conforme, les président et secrétaire en chef de l'administration centrale du département des Alpes Maritimes.

Signé , Donny , *président ;* Lanciares , *secrétaire en chef.*

N°. X I I.

Copie de la lettre écrite par les régisseurs des douanes au directeur à Nice.

Paris, le premier thermidor, an 6 de la République.

Nous avons mis, citoyen, sous les yeux du ministre des finances, les deux arrêtés pris les 18 germinal et 4 prairial derniers par l'administration centrale du département des Alpes-Maritimes, pour permettre la sortie d'objets d'artillerie hors de service et de rebut, ainsi que vos lettres relatives à cette exportation.

La décision intervenue le 27 du mois dernier porte « qu'attendu *Gastaud* (des Alpes-Maritimes.)

G

» les circonstances , il n'y a lieu de donner de suite à cette affaire. »
Ainsi nous la regardons comme absolument terminée.

   Signé , Blutet, *par interim* , et Chaslon, à l'original.
Pour copie conforme , le directeur des douanes.

       Signé , Hugot.

Pour copie conforme, les président et secrétaire en chef de l'administration centrale du département des Alpes-Maritimes.

    Signé , Donny , *président ;* Dayderi,
      secrétaire-adjoint.

N°. XIII.

Différens extraits de lettres écrites par le citoyen Gastaud, commissaire du Directoire exécutif près l'administration centrale du département des Alpes maritimes , au citoyen Dabray , membre du Conseil des Cinq-Cents.

Nice , le 21 pluviose an 5 républicain.

Vous me parlez, citoyen représentant , dans une de vos lettres que le Directoire exécutif se propose de faire un message relativement aux émigrés. Cela n'est pas mauvais ; mais je n'en vois point la nécessité, si on a l'intention de faire exécuter littéralement et sans détour la constitution , et les lois qui existent à leur égard. Je dois avouer qu'on se relâche par-tout , et que c'est Paris qui donne le plus mauvais exemple. Cette commune réunissant les premières autorités, donne le mouvement à toutes les autres ; c'est elle qui dirige tout, et qui fait agir les départemens. Si , sous les yeux du plus haut pouvoir, des ministres et des autres autorités, elle afflue des émigrés sans qu'aucune mesure, selon ce qu'il paroît, soit jamais prise contre eux ; ils seront dans toutes les autres communes également ménagés. On sait dans tous les départemens que les bureaux des ministres sont faciles à corrompre ; et les administrations républicaines, en voulant faire exécuter trop sévèrement les lois sur les émigrés, craignent d'y être considérées sous des couleurs désavantageuses, et n'avoir pour récompense que la haine et l'inimitié de ceux qui s'apitoyent sur leur sort, ou qui sont intéressés à leur rentrée. Il m'a passé sous les yeux des pièces qui m'ont convaincu qu'il étoit aisé de se faire rayer définitivement, moyennant la protection ou de l'or. On assure que dans les départemens voisins, presque tous les émigrés sont rentrés, et on nomme même un grand nombre des plus enragés, tels que les messieurs de *Lafare*, *Colbert*, de *Beauval*, et tant d'autres, qui conspiroient en cette commune avant l'entrée des Français, et entretenoient des relations avec ce qu'il y avoit de plus perfide dans l'intérieur, et avec leurs camarades à Coblentz. Telle est, citoyen représentant, la situation actuelle des départemens méridionaux relativement aux émigrés. J'aurois beaucoup de choses à ajouter à leur égard ; mais je pense que vous trouvant au centre des lumières et des nouvelles qu'y arrivent de toute part, il est inutile d'entrer dans de grands détails.

Nice, le 15 ventose an 5 républicain.

Les plaintes que vous recevez contre Olivier ont été portées, il y a quelque temps, au Directoire exécutif, et aux ministres de la police et de la justice par . . . . . . du canton . . . . Les dénonciations me furent adressées pour fournir les renseignemens nécessaires : je reconnus qu'elles étoient écrites par la même main, quoique sous des noms différens, ce qui me donna une mauvaise idée du dénonciateur. Si c'est le même qui déclame auprès de vous contre Olivier, méfiez-vous-en, parce que je me suis convaincu que c'étoit par des motifs particuliers qu'il l'avoit dénoncé comme fauteur de la rentrée dans son arrondissement de quelques émigrés, qui obtinrent des arrêtés favorables de l'administration du ci-devant district de Puget-Theniers, et qui, d'après les explications données par le ministre de la police, ont pu rentrer après le traité de paix, ou à toute autre époque plus éloignée. Au surplus, si Olivier a usé des ménagemens envers des émigrés rayés provisoirement, il n'a suivi en cela que l'exemple de presque tous les départemens de la France, de Paris même, où l'on admet indistinctement tous ceux qui s'y présentent, quels que soient les motifs et l'époque de leur émigration ; je vois même qu'ils jouissent de la protection la plus marquée dans les bureaux du ministre de la police, et vous en jugerez par ce que vous apprendrez de l'administration départementale relativement à l'émigré Saint-André. Cette administration vient encore de recevoir une lettre chargée, par laquelle il lui est ordonné de prononcer sur les réclamations de cet homme, de manière que les dispositions de la loi du 26 floréal, qui déclarent définitivement émigrés tous ceux qui n'auroient point réclamé en temps utile, et défend aux corps administratifs d'accueillir leurs réclamations, sous peine de forfaiture, se trouvent éludées en vertu des ordres que vient de donner à l'égard de cet émigré le susdit ministre.

Nice, le 3 germinal an 5 républicain.

Il est prouvé évidemment qu'on ne cesse de conspirer contre la liberté, qu'on ne veut pas de république, qu'elle n'est plus aujourd'hui dans la bouche des honnêtes gens que pour la calomnier, l'avilir et la rendre odieuse à tous, et rien ne se fait au Corps législatif pour la sauver du danger où je la vois marcher. Les folliculaires qui la décrient, semblent protégés ; ils avilissent à chaque trait de plume le gouvernement, jusqu'au dernier de leurs partisans ; et tout en faisant paroître le mal que cela fait, il semble qu'on les excite à en faire davantage par les mesures nulles ou insuffisantes que l'on prend. Si un journaliste républicain se permet de lancer quelque trait de défiance contre le système destructif dont nous sommes menacés, il est de suite taxé de factieux ou d'anarchiste, et c'est beaucoup pour lui s'il peut se plaindre une seconde fois sans être incarcéré. Voilà, citoyen, à-peu-près le tableau de tout ce que je vois. On découvre des conspirations royalistes bien caractérisées. Des représentans fidèles à leur mission en développent avec énergie et franchise tous les dangers ; ils mettent sous les yeux du Corps législatif tout ce qui peut leur faire toucher qu'elles ont des ramifications du nord au midi, qu'elles tiennent à toutes les parties de la République, etc. C'est précisément dans celles où l'incendie est allumé qu'on s'attache opiniâtrément à n'y voir d'autre danger que celui de ne pas éteindre le feu qui est prêt à les dévorer.

Nice, le 9 germinal, an 5 républicain.

Par le premier courier je pourrai peut-être vous entretenir un instant sur les prêtres réfractaires ; en attendant je vous dirai que relativement à eux qu'aux autres émigrés, les autorités en général se trouvent paralysées par le parti considérable qui les protège dans le Corps législatif. L'exécution des lois à leur égard fait craindre à tous les fonctionaires publics d'être victimes d'une nouvelle réaction ; tout paroît annoncer dans ce pays que nous n'en sommes pas éloignés.

Nice, le 13 germinal an 5 républicain.

Je reviens sur l'objet des prêtres réfractaires, dont vous m'avez parlé dans une de vos lettres. Cette classe d'hommes, que des lois favorisent, rentrent, dit on, à troupeaux dans plusieurs parties de la République, et y excitent les passions et les haines des fanatiques religieux et du trône. Nous devons tout cela, non aux autorités subalternes, mais à l'exemple que leur donnent les principaux fonctionnaires, les législateurs, les ministres et autres dépositaires et dispensateurs de l'esprit public. Aujourd'hui l'état ecclésiastique est presque par-tout porté en triomphe ; il est même plus lucratif à Nice qu'il ne l'étoit sous l'ancien régime, quoiqu'il n'ait rien de fixe : il faut dire, il est vrai, que le nombre des ouvriers (1) est moins considérable ; mais il ne tardera pas de s'accroître, si le Corps législatif ne rapporte pas à leur égard les lois qui les favorisent. Je regarde ces hommes, en général, comme des êtres très-dangereux. Ils dirigeront en tout temps l'opinion de la portion la plus pure du peuple, parce qu'avec une absolution et la promesse d'un billet d'entrée pour les délices éternelles, ils auront toujours pour eux ce qu'on appelle encore les ames timorées, les mères de famille et la jeunesse qui suce leurs maximes. Nous n'avons à Nice, et dans la montagne, aucune école d'instruction publique dont l'instituteur ne soit revêtu du *caractère sacerdotal*, et pour lequel on découvre une vénération plus qu'ordinaire. Ici ils jouissent de toutes les prérogatives ; ils votent dans les assemblées primaires, remplissent dans plusieurs communes les fonctions d'officiers civils, acceptent les nominations d'électeurs, de magistrats, et savent se faire dispenser du service de la garde nationale. Il faut voir tout cela avec indifférence, parce qu'on seroit regardé avec l'œil du préface et montré aux yeux du peuple comme des êtres infames ; ce seroit beaucoup si on nous laissoit vivre sous ce titre défavorable.

Les républicains à caractère, mon cher Dabray, disparoissent peu-à-peu du sol de la République : s'ils y restent en petit nombre, des raisons puissantes les y retiennent ; ils fuiroient tous dans l'étranger, s'ils pouvoient espérer d'y trouver leur subsistance et celle de leurs familles. La dépravation de l'esprit public est à son comble, et la République et le gouvernement perdent chaque jour des légions de partisans capables de les soutenir et les défendre. Chaque jour j'entends répéter cette phrase : « Je ne veux pas me compromettre pour des ingrats. » D'autres vous répondent : « Est-ce que le gouvernement ignore l'as- » sassinat des républicains, les magistrats qui le commettent ? Quelle » mesure a-t-il pris pour le faire cesser ? c'est beaucoup si les Du- » molard et toute la séquelle n'ont pas fait décréter la mention hono- » rable. » Enfin, citoyen, tout est découragé au point que s'il arrivoit un second vendémiaire, je ne sais guère si les ennemis de la République trouveroient de la résistance pour espérer qu'ils pussent échouer dans leur entreprise. La représentation nationale est la seule qui, dans les circonstances actuelles, peut sauver la République des crises dont on

______

(1) Ouvriers du fanatisme.

la menace ; il faut qu'elle se prononce et qu'elle ne tergiverse d'aucune manière. Les républicains suivent pas à pas sa marche ; ils reprendront leur énergie , s'ils apperçoivent qu'elle sera constante, et qu'ils n'auront pas à craindre d'être victimes de leur dévouement à la chose publique.

Nice , le 19 prairial an 5 républicain.

Les motions faites au Conseil des Cinq-Cents dès les premiers jours de l'admission du nouveau tiers alarment tous les républicains ; elles présagent une nouvelle réaction , qui finira par anéantir en détail tout ce qui s'est prononcé pour l'abolition de la royauté qu'on tente de rétablir. On y a beaucoup parlé des prêtres insermentés et des émigrés ; il paroît que l'intention du parti dominateur est de faire rapporter toutes les lois qui ont pu les frapper jusqu'à ce jour. Que deviendront-ils alors les articles 373 et 374 de la constitution ? Déja dans presque tous les départemens on ne parle des émigrés et des prêtres insermentés que pour leur inspirer de l'audace , et exciter toute leur animosité contre le parti républicain ; par tout ils entrent avec une telle sécurité, qu'ils semblent appelés par ceux même qui sont chargés de faire exécuter les lois contre eux. Ici on en raie peu à peu de la liste, parce qu'on craint l'animadversion du parti considérable qui semble les protéger à Paris , comme par-tout. Il n'y a plus guère d'hommes qui veuillent se sacrifier pour l'exécution des lois à leur égard , parce qu'ils voient dans l'avenir le triomphe des ennemis de la révolution. Les papiers publics doivent vous avoir instruit de tout ce qui se fait dans les départemens du midi. Il n'existe dans la plus grande partie de leurs communes qu'un très - petit nombre de républicains , que la crainte d'être *victimés* , tient dans la plus grande consternation ; d'autres sont incarcérés , assassinés ou fuyards. Les acquéreurs des domaines nationaux sont obligés de s'abandonner à la merci et à l'indulgence des émigrés rentrés ; les tribunaux n'y sont ouverts que pour pallier et autoriser les crimes des égorgeurs et dévastateurs des biens des acquéreurs nationaux. Si le gouvernement ne prend pas des mesures pour réprimer avec la plus grande sévérité tous ces délits , il faut s'attendre à de plus grands malheurs ; il est peut-être trompé à cet égard , et il le sera toujours, s'il ne prend pas le parti, pour bien connoître l'esprit qui dirige et qui domine dans ces contrées, d'y envoyer des commissaires secrets, dont les principes lui soient bien connus, à l'effet d'avoir le rapport fidèle de tout ce qui s'y est passé , et ce qu'ils y auront vu et entendu. Ces commissaires pourroient particulièrement rendre compte au gouvernement des principes qui dirigent la plupart des fonctionnaires publics , et il jugeroit par là de la nécessité des mesures qu'il conviendroit d'employer pour régénérer l'esprit public, trompé par les plus fiers ennemis de la liberté, les émissaires de Louis XVIII, et ceux à qui l'ambition fait naître l'esprit de prendre la place des ci-devant privilégiés.

Si, dans ce département, nous n'éprouvons pas les malheurs qui affligent nos voisins, nous le devons aux principes républicains qui dirigent les autorités supérieures, tant civiles que militaires ; mais instruites de tout ce qui se passe, presque dans toutes les parties de la République, et des opinions qui se manifestent dans le sein du Corps législatif, peuvent - elles ne pas voir la plus horrible proscription menacer les fonctionnaires *qui n'useroient pas de ménagement ?*

Nice, le 7 messidor an 5 républicain.

Les radiations provisoires dans ce département se multiplient ; des certificats de commerce ou d'éducation, ou d'être sorti avant le 27 septembre 1792, suffisent pour obtenir un arrêté favorable à des hommes qui n'ont jamais voyagé ni pour commerce ni pour éducation, etc., etc. : nous devons ce relâchement des autorités constituées à la bonne composition du Conseil des Cinq-Cents, et aux motions insidieuses que le nouveau tiers y fait depuis son installation. Dieu veuille que tout cela ne nous conduise à une réaction nouvelle qui risqueroit d'entraîner la ruine et la destruction de tous les républicains ! On a fait à la montagne des processions publiques à la fête de Dieu, et nous finirons par les avoir dans la commune de Nice. On prétend que dans beaucoup de communes de la République elles y ont eu lieu, et que bientôt elles seront consacrées par un acte du Corps législatif.

Nice, le 9 thermidor an 5 républicain.

Vous craignez avec raison la rentrée des émigrés dans ce département. Les radiations se prononcent avec facilité ; mais tout cela, citoyen représentant, n'est pas l'ouvrage des administrateurs ; ils ont consulté maintes fois sur plusieurs questions à l'égard de quelques-uns le ministre de la police, et il ne leur a jamais répondu que pour leur faire comprendre qu'on pouvoit aller en avant, tout en ajoutant que le Directoire jugeroit définitivement.

Jusqu'à présent les motions faites au Conseil des Cinq-Cents, et quelques résolutions passées au Conseil des Anciens, ont encouragé le relâchement général des autorités à l'égard des émigrés ; et si le Corps législatif, ainsi que le gouvernement, ne se prononcent autrement de ce qu'ils ont fait jusqu'à présent, attendez-vous à voir rayer peu-à-peu tous ceux de ce département.

Nice, le 11 thermidor an 5 de la République.

Je vous transmets, ci-inclus, copie de la lettre de l'ex-ministre Cochon, relative à une dénonciation contre l'administration départementale. J'y joins copie de la réponse que m'a dictée ma conscience, et le désir que j'aurois de voir prendre de l'essor au gouvernement et a ses ministres, pour donner une impulsion aux autorités subalternes, contraire à celle qu'elles ont reçue jusqu'à présent, et qui est cause du relâchement dans l'exécution des lois les plus salutaires. J'ai dans cette réponse un peu ménagé les administrateurs du département, parce que je sens qu'ils sont républicains, qu'ils aiment le gouvernement, et que ce n'est que, par foiblesse ou pusillanimité, qu'ils ont prononcé une partie des radiations provisoires, sur lesquelles il seroit utile de faire expliquer le Directoire par la rejection de celles qui vous paroîtroient la mériter ; cela ne pourroit que produire de bons effets. Enfin, citoyen Dabray, il paroît que les affaires vont changer de face par les changemens qui se sont opérés dans le ministère ; elles en avoient besoin, car l'esprit public étoit tellement dépravé qu'on avoit lieu de craindre sur l'existence de la République avant l'ouverture des nouvelles assemblées. Il faut par conséquent que la masse des représentans républicains se réunissent au gouvernement pour donner une marche imposante aux affaires, et encourager le zèle et le patriotisme des fonctionnaires que l'état d'incertitude paralysoit d'un bout de la République à l'autre.

Nice, le 9 fructidor an 5 de la République.

Je suis arrivé avant hier au soir de Perinaldo, où j'ai reçu toutes vos lettres jusqu'au 28 du mois dernier.

Pendant mon absence, il y a eu ici des mouvemens, dont vous aurez sans doute été informé par quelque zélé républicain ; je m'occupe d'en recueillir tous les détails pour en faire un rapport au ministre de la police, s'il me résulte qu'ils aient pû être l'effet des manœuvres des ennemis du gouvernement, toujours plus enhardis par les motions de leurs chefs au Conseil des Cinq-Cents.

J'ai trouvé à mon arrivée une lettre du ministre Sotin, qui réclame des renseignemens sur chaque émigré rayé provisoirement. Je ne sais guère déterminer l'époque à laquelle j'aurai pu achever ce pénible travail. Je me déciderai probablement à n'adresser au ministre que des tableaux partiels, qui pourront, en attendant, lui faire connoître ceux qui me paroissent mériter d'être placés au premier rang par les

principes anti-républicains que je leur connois, et que leur conduite
même postérieure à leur radiation provisoire a pu me faire découvrir.
La rejection presque immédiate de quelques-unes de ces radiations,
que je solliciterois, si je pouvois m'aboucher avec le ministre, et
entrer avec lui dans tous les détails qui pourroient éclairer sa religion,
opéreroit le plus grand bien dans ce département ; elle feroit fuir
avec précipitation ceux qui n'ayant aucune radiation provisoire, sont
admis dans presque toutes les communes, et y rodent impunément,
parce que, du moment qu'ils apprennent (ce qui n'est pas difficile à
savoir) qu'on va faire exécuter la loi contre eux, ils quittent leur
commune pour passer dans une autre. Cette rejection intimideroit
encore ceux qui, munis d'une radiation provisoire, acquièrent chaque jour
de l'audace que leur inspirent les plus insolens, et l'espoir qu'ils ont
de voir démolir peu-à-peu l'édifice républicain.

Nice, le 19 fructidor an 5 de la République.

Le département a reçu la lettre que vous et votre collègue Massa
lui avez écrite. Il n'en paroît pas satisfait, en ce que, tout en démon-
trant, lorsqu'on parle des émigrés, que les radiations n'ont lieu que
parce que le gouvernement ne ne s'explique pas trop clairement à leur
égard, et que tout semble vouloir les admettre indistinctement ; la
plupart des membres ne veulent pas qu'il soit dit que c'est par
foiblesse qu'ils prononcent les radiations provisoires. Le fait est qu'il
y a eu un relâchement sur l'exécution de toutes les lois qui blessent
l'intérêt particulier, que ce relâchement continuera tant qu'on per-
mettra aux journalistes de déclamer impunément contre les premières
autorités, tant qu'on assassinera dans l'intérieur, tant que le nom de
citoyen, de républicain sera proscrit, qu'il suffira de le prononcer
pour être traité de brigand, de scélérat, et tant que le Corps législatif
ne fera que des lois propres à restreindre les pouvoirs du gouvernement, et enhardir ceux qui n'en veulent pas, s'il ne porte le nom
de roi. Que devez-vous penser de ma situation ? Je suis auprès des
administrateurs que je connois, à n'en pas douter, pour des amis de la
République, et prêts à faire quelconque sacrifice pour elle ; mais non
pas celui de la vie ni de l'honneur. J'entends ici par honneur, la
perte de la considération de la majorité, si pour avoir fait exécuter
rigoureusement les lois ils pouvoient être portés, par l'effet d'une
réaction, sur une liste de proscription, et livrés à l'infamie de ceux
qui domineroient. Voilà ce qui arrête la plupart des fonctionnaires
publics ; et voilà aussi ce qui me lie les mains. Dénoncerai-je des
administrateurs, amis de la République, pour leur faire substituer qui ?

des hommes qui aux premières assemblées seroient remplacés par des chefs de barbets ou des royalistes forcenés. Telle est l'alternative sur laquelle il me reste à décider.

No. XIV.

Lettre du citoyen Gastaud, commissaire du Directoire exécutif près le département des Alpes - Maritimes, au ministre de la police générale.

Nice, le 15 fructidor an cinquième républicain.

Des prêtres du culte catholique violent, dans la plupart des communes de ce département, l'article XVI de la loi du 7 vendémiaire sur la police des cultes. Ils font, hors du lieu ordinaire de leurs assemblées, des processions d'usage à pareil jour pendant l'ancien despotisme. L'esprit public est tellement perverti, que pour faire cesser les violations, on ne sait plus quel moyen employer, tant il est difficile de le faire constater pour les faire punir. Ce n'est point dans le sein du peuple ignorant et crédule, ni même parmi les prêtres, dont la plupart sont entraînés, malgré eux, par une influence étrangère, qu'il faut chercher les vrais coupables. Les vrais coupables sont les auteurs de ces journaux perfides, qui allument le fanatisme, et dont l'impunité enhardit les agens secondaires de la tyrannie.

Les vrais coupables sont les chefs de cette ligue impie d'adroits conspirateurs, qui organisent à leur gré les mouvemens populaires, qui ont l'habileté de se constituer les dispensateurs suprêmes de l'opinion et de la renommée, et qui minent sourdement toutes les institutions républicaines, pour y substituer, au temps marqué par leur génie infernal, les abus de la tyrannie monarchique. Pardonnez, citoyen ministre, cette courte réflexion, que laisse échapper mon cœur oppressé à l'aspect des nouveaux désastres qui semblent menacer la patrie. En attendant vos ordres, qui seront toujours mon guide, je n'ai employé, momentanément, que des moyens de douceur, celui de les dénoncer à cette administration centrale, comme vous les verrez par la lettre dont ci-joint copie.

Autre lettre dudit citoyen Gastaud au même ministre.

Nice, le 29 fructidor an cinquième républicain.

En réponse, citoyen ministre, à la lettre circulaire que vous m'avez adressée le 6 de ce mois, je vous prie de vous faire remettre sous les yeux les miennes à votre prédécesseur, relatives à la rentrée des émigrés, et sur-tout la dernière que je lui adressai en thermidor dernier, au moment où, pour réparer ma santé, je me rendois avec la permission dont vous avez eu connoissance, en campagne dans ce département. Il n'est que trop vrai que depuis plus de quinze mois, mais principalement depuis quatre, les radiations provisoires se sont multipliées dans ce département.

L'administration centrale, pour prononcer ces radiations provisoires, s'est appuyée sur ce que les réclamans présentoient des pièces attestant qu'ils avoient réclamé en temps, et des déclarations des témoins faites pardevant les municipalités, notamment celle de Nice, affirmant que le réclamant étoit parti avant le 27 septembre 1792 (vieux style). Je puis presque assurer que sur toutes les radiations provisoires déja prononcées, il n'y en pas trente qui eussent été dans le cas des exceptions de la loi du 25 brumaire an 3, s'ils n'avoient trouvé des municipalités qui se font un plaisir de recevoir des dépositions qu'elles-mêmes savent être fausses; celle de Nice, sur-tout, a pu voir par elle-même que la plupart de ces dépositions contrarioient la note de départ, que son président actuel avoit sanctionnée avec les commissaires de quartier et les municipaux alors existans dans le mois de mars 1793 (vieux style).

Cette municipalité enfin, loin de prévenir les déposans des risques auxquels ils s'exposent, paroît au contraire les encourager et les applaudir. Je pourrois en dire autant pour ce qui concerne les réclamations à temps, qui étoient d'abord réduites à un très-petit nombre lors de l'expiration des délais accordés par la loi, et qui se sont trouvées multipliées à l'infini, lorsqu'en prairial an 3, l'ex-représentant Beffroi, alors en mission dans ce département, donna l'éveil contre les amis de la République, forma une municipalité, un district, un département et des tribunaux, des hommes les plus proches parens d'émigrés, et les partisans les plus prononcés de la cour de Turin; un émigré rentré en France en fraude, Jean-Baptiste Verani, homme de loi, fut même compris dans cette organisation.

C'est ainsi que tout à-coup, et sans registre, lorsque la loi du 3 brumaire an 4 frappa la presque-totalité des membres des corps administratifs nommés par Beffroi, confirmés par les assemblées primaires et électorales, il s'est trouvé une quantité de pétitions en réclamations au secrétariat, comme encore une quantité de radiations provisoires déja prononcées.

Les prêtres, ex-religieux, ex-religieuses, n'ont point été oubliés dans ces prétendues réclamations, les uns comme sortis avant le 27 septembre 1792, et les autres, qui étoient sortis après, comme ayant fui la prestation de serment.

Je me suis souvent plaint à l'administration centrale de cette facilité aux radiations provisoires, en lui observant que la grande majorité de ces radiations concernoient des individus qui de notoriété publique étoient partis après le 27 septembre 1792; car tout le monde sait ici, qu'à l'exception de sept ou huit familles, tout le reste est parti du 29 au 30 septembre, jours suivans, pour aller en Piémont, d'où ils ne cessoient de correspondre furtivement avec leurs parens et amis en cette commune de Nice, et de les entretenir dans l'espérance, qu'ils reviendroient triomphans avec les Piémontais. Cette même espérance leur faisoit dédaigner les réclamations en temps, et a opéré même, dans bien des circonstances, l'émigration de plusieurs individus rentrés également à la faveur des faux certificats d'éducation, arts, sciences, ou autrement obtenus par les même moyens que dessus.

Les administrateurs, dans bien des circonstances, ont convenu que les déclarations de départ, avant le 27 septembre, étoient fausses pour la plus grande partie des réclamans; que plusieurs notes des réclamations en temps utile leur paroissoient avoir le même caractère; mais que ne pouvant statuer que sur les pièces qu'on leur présentoit, et n'ayant pas ni pouvant avoir, par suite de la dépravation de l'esprit public, les preuves légales de leur fausseté, ils ne pouvoient se dispenser de faire droit aux demandes des réclamans, et de statuer en conformité de la loi du 25 brumaire. Je dois rendre justice aux précédens administrateurs, et aux actuels. Leur attachement assez prononcé pour la République leur a fait voir, avec peine, que presque tous les vrais émigrés de ce département ayent trouvé autant de facilités à éluder la loi du 25 brumaire, ils ne voient pas volontiers rentrer une foule d'individus qui, n'ayant jamais été et ne pouvant jamais être les amis du gouvernement français, ne viennent ici que pour ravoir leurs biens et y perpétuer l'attachement aux anciens préjugés et à l'ancien souverain.

L'administration centrale a écrit diverses-fois à votre prédécesseur pour des explications relatives à cet objet important, elle n'en a reçu que des réponses tardives et évasives; ce qui, jointes à la fluctuation

bien connue de l'abord de tous les émigrés dans les autres départemens, la mettoit encore moins dans le cas de refuser les demandes
appuyées par des certificats.

Je n'ai point négligé en mon particulier de prévenir votre prédécesseur de toutes ces circonstances : je n'ai pas été plus heureux que l'administration dans ses réponses ; elles parloient, il est vrai, de faire
arrêter les émigrés, s'il en rentroit, mais jamais des dispositions sur
les moyens de prévenir les abus multipliés dont j'avois à me plaindre :
en cela le ministre paroissoit ostensiblement réclamer la loi contre les
émigrés ; mais il passoit obstinément sous le silence les moyens coer-
citifs de réprimer les abus.

Je dois vous prévenir, citoyen ministre, que presque aucune des
radiations provisoires n'ont été prononcées ici sur des certificats de résidence, parce qu'il est notoire que nos émigrés ont été en Piémont ;
mais toutes l'ont été par les moyens ci-dessus.

Vous me direz, citoyen ministre, comment peut-il être possible
aux émigrés de trouver si facilement des certificats favorables à leur
radiation, sans qu'il le soit aux administrateurs de prouver leur
fausseté ? Vous trouverez la réponse de ce problème dans celle de mes
dernières lettres qui a traité de cet objet ; et j'ajouterai que l'esprit
public étoit tellement perverti, que, quoiqu'il y ait les trois quarts
de la ville dans le cas de déposer contre la vérité des attestations
presque toujours faites par les mêmes individus, et quoiqu'il y ait
des patriotes intéressés au maintien des lois et de la constitution,
cependant ni les uns ni les autres n'auroient osé faire des déclarations
contraires aux émigrés, crainte d'être dévoués, d'abord à l'infamie,
et successivement aux poignards.

Il ne faut pas vous dissimuler, citoyen ministre, que tout concou-
roit depuis quelque temps, et sur-tout depuis plus de trois mois,
à la subversion de l'esprit républicain. Certaines motions dans le Corps
législatif ; diatribes dans beaucoup de journaux contre les autorités
républicaines ; abandon de l'instruction publique ramenée dans les
mains des prêtres ; ridicules sur les usages et dénominations républicaines ; facilité à étendre l'exception de la loi du 25 brumaire sur
presque tous les émigrés ; défaut des moyens pour convaincre, attaquer, et faire punir les auteurs de ces facilités, ne pouvoient qu'avoir
des résultats sinistres pour le gouvernement républicain. Les choses,
avant l'arrivée des couriers du 18, étoient au point, que tout fonctionnaire, administrateur ou juge qui vouloit réellement remplir son
devoir, principalement dans la partie des émigrés, étoient de suite
dénoncés à l'opinion publique comme un terroriste. Quant à moi,
qui ne connoît que la loi et mon devoir, qu'aucune dénomination

n'effraye, et qui ne voit le bien de la patrie que dans l'affermisse-
ment de la constitution, je vous indique, avec franchise, l'état actuel des choses, et je vous indiquerois de même ce que je crois con-
venable pour arrêter et réparer le mal.

N°. X V.

*Gastaud, commissaire du Directoire exécutif près le départe-
ment des Alpes-Maritimes, au ministre des finances.*

Nice, le 13 fructidor an 5ᵉ. républicain.

J'étois absent de cette commune, avec permission du ministre de
l'intérieur, lors de la réception de votre circulaire du 12 thermidor
dernier, portant copie de la lettre du Directoire exécutif·du premier du même mois. Un des objets principaux de votre lettre a été
rempli par l'administrateur qui m'a suppléé. Il a provoqué de cette
administration centrale l'arrêté dont vous avez ci-joint deux exemplaires, et qui a été transmis à toutes les administrations munici-
pales du département pour y donner la plus grande publicité. J'eusse
desiré qu'on eût encore joint à cet arrêté la copie de votre circulaire également propre à rassurer les acquéreurs des domaines nationaux, et développant des principes capables de ranimer la confiance
affoiblie de ceux qui, les lois des 16 brumaire et 9 germinal dernier, peuvent faire concourir aux adjudications des domaines à
vendre; mais cette omission peut être facilement réparée. Il n'y a
eu jusqu'ici que la commune de Beuil où il se soit commis des voies
de fait sur des acquisitions des domaines nationaux. La crainte cependant de ne pouvoir conserver ceux de ces biens dont les anciens
propriétaires ont été provisoirement rayés de la liste des émigrés par
les motifs que j'ai déja fait connoître au ministre de la police, dé-
terminent la plupart des acquéreurs de prendre des arrangemens
avec eux ou leurs parens ou amis. Il s'est fait une immensité de
contrats de cette nature depuis que la tribune du Conseil des Cinq-
Cents retentit des cris qu'on y prodigue contre les acquéreurs de
ces domaines. Sans les principes qui animent tous les membres de
cette administration centrale, et leurs intentions bien prononcées de
faire respecter la constitution et les lois qui garantissent ces acquéreurs, ce département auroit été exposé, comme tant d'autres, aux
actes de violence que nous apprennent les feuilles publiques, et les
rapports des républicains qui fuient la persécution des royalistes.

Quant à moi, citoyen ministre, toujours fidèle au serment que j'ai fait de servir de tous mes moyens la République, et la confiance qu'a eue en moi le Directoire exécutif en me nommant son commisssaire, je ne cesserai d'employer tout le zèle dont je suis capable pour le triomphe de cette même République, de la constitution de l'an 3 et de ses lois conservatrices. Je ne puis vous donner le tableau que vous demandez, attendu que depuis les lois des 16 brumaire et 9 germinal derniers aucune acquisition de domaine n'a été faite que sur des soumissions antérieures, dépendantes des lois des 28 ventose et 6 floréal an 4 Il ne reste plus que de petits immeubles à vendre, dont quelques-uns ont été soumissionnés ; ils seront mis aux enchères dès que l'estimation aura été terminée ; et je remplirai à leur égard ce que me prescrit votre lettre pour l'envoi des états dans la première décade de chaque mois.

N°. X V I.

Gastaud, commissaire, etc., à l'administration centrale.

Nice, le 14 fructidor année cinquième républicaine.

Il m'est parvenu, citoyens administrateurs, que dans quelques communes du département, les lois relatives à l'exercice des cultes avoient été violées par une partie de ses habitans, des ministres du culte catholique, et par des fonctionnaires chargés de les faire exécuter. Les communes d'Aspremont et d'Utelles ont été le théâtre de quelques processions extérieures, faites au son des cloches, et avec toute la pompe qui caractérise l'ancien fanatisme J'ai tout lieu de penser que, dans bien d'autres cantons, un pareil exemple, et l'impunité jusqu'à ce jour, de semblables infractions aux lois prohibitives, auront excité et enhardi leurs habitans et leurs prêtres à les partager par des actes semblables. C'est cependant sous les yeux des magistrats chargés de les empêcher, de les dénoncer et de les faire punir, que de telles infractions se commettent. Ils ne daignent pas seulement vous en instruire, parce qu'ils y prêtent la main et qu'ils y méprisent les lois qui leur déplaisent. Je ne puis, et vous ne pouvez, citoyens administrateurs, passer sous silence des abus qui ne tendent à rien moins qu'à réveiller plus que jamais le fanatisme et à faire revivre des anciens usages ou préjugés défendus par les lois, et que la raison même condamne. L'impunité est la source des crimes ; elle les consacre et les autorise. Vous ne souffrirez pas que cette inculpation puisse être dirigée contre des administrateurs zélés, et n'ayant pour règle que l'exécution des lois et les principes qui les ont dictées. Elle le seroit si , pour réprimer les infractions déja commises , et pour prévenir qu'elles ne se renouvellent , vous ne preniez toutes les mesures et n'usiez de tous les moyens qui peuvent les rendre efficaces. Ces moyens sont dans la suspension immédiate de tous les fonctionnaires soumis à votre surveillance qui auroient autorisé ou toléré ces abus et ces crimes ; dans la dénonciation aux tribunaux de ceux qui les auroient excités ou partagés ; dans celle des juges de paix ou autres officiers de police , qui ne les auroient poursuivis ni dénoncés aux autorités supérieures , et finalement dans l'arrêté que je vais provoquer de votre amour pour les lois de la République , et de votre dévouement à les faire respecter dans toute la partie du sol confié à votre autorité et surveillance. Cet arrêté rappellera à vos administrés les dispositions prohibitives des lois sur l'exercice du culte , et stimulera le zèle et la surveillance des administrations , agens et adjoints municipaux des communes pour l'exécution de ce qu'elles renferment et pour le châtiment de ceux qui oseroient les méconnoître.

Autre lettre du même, à la même administration , du même jour.

Je suis informé , citoyens administrateurs , que des émigrés revêtus encore du signe de sang qu'ils ont fait verser à nos concitoyens armés pour la défense de la liberté , promènent leur honteuse insolence dans le cercle de plusieurs communes de ce département, et y prodiguent des espérances aux habitans crédules du retour d'un gouvernement qui n'existe au - delà des Alpes que par un mouvement de la générosité républicaine. Ces êtres , protégés par des magistrats punissables, soufferts , tolérés ou ignorés par d'autres insouciants ou pusillanimes , semblent faire tous leurs efforts pour dépraver l'esprit public , jeter la division parmi les habitans des mêmes communes , inspirer du mépris pour les lois qui nous gouvernent, et de la méfiance pour les autorités qui les chérissent et les respectent. Ces sortes de violations aux dispositions de la loi qui les bannit à perpétuité du sol de la République , ne peuvent être plus long - temps tolérées. Il appartient à vous de les faire cesser , soit en faisant poursuivre les émigrés audacieux qui osent enfreindre le bannissement prononcé , soit en suspendant les fonctionnaires soumis à votre autorité , qui seroient convaincus de n'avoir pas pris toutes les mesures pour les faire arrêter et traduire pardevant les tribunaux de leur département; c'est afin que vous preniez celles qui peuvent faire cesser le renouvellement des infractions punissables que je vous dénonce, et que vous donniez les ordres

pour

pour arrêter tous ceux des émigrés qui se trouveroient dans les communes de ce département, que je vous adresse la présente, vous ajoutant que les communes de Peille, Saint-Martin, la Roquette, Utelles, Dolceaqua et Nice même ont reçu dans leur sein de pareils êtres sans que les autorités aient donné aucun signe d'avoir fait contre eux la moindre démarche.

No. X V I I.

Dabray, au citoyen Oberty.

Paris, le 2 pluviose an 7 de la République française, une et indivisible.

Votre lettre du 17 nivose échu m'est parvenue avant-hier : lorsque le citoyen Gastaud aura reçu copie des pièces énoncées dans l'arrêté du Directoire exécutif, la députation fera les démarches que les circonstances exigeront ; en attendant, je suis fâché que l'inconduite de quelques-uns de vos collègues ait compromis votre réputation ; au reste, il faut espérer que la vérité sera connue, et que les innocens seront distingués des coupables.

Salut et attachement.

Signé, Dabray.

N°. X V I I I.

Jean-Baptiste Oberty, au citoyen Dabray, membre du Conseil des Cinq-Cents.

Paris, le premier floréal an 7 de la République française, une et indivisible.

Que vous êtes petit, citoyen représentant! que votre petitesse fait du tort à ceux qui ont voulu dans le temps la méconnoître! C'est donc avec des mots, des dénonciations ridicules, d'assertions vagues, que vous parez l'imposture avec laquelle vous vous permettez d'attaquer l'honneur de vos concitoyens? Le temps des vexations fiscales est passé ; et représentant et représenté, et administrateur et administré, tous sont soumis à la même loi du respect pour les personnes et les

Gastaud (des Alpes-Maritimes.)   H

propriétés. Ce n'est jamais impunément qu'on blesse dans une république le principe sacré sur lequel repose le bonheur de la société. Je vous rappellerois les devoirs que vous avez oubliés envers vous et envers elle ; si vous eussiez eu le courage de me fournir, par votre mesquine lettre du 29 du mois dernier, des matériaux pour vous répondre : je me contenterai de vous témoigner le plaisir avec lequel j'ai reçu l'assurance de ne pas avoir votre estime ; c'est pour moi un titre bien précieux pour me conserver celle de tous ceux qui ont quelque sentiment de vertu.

Signé, Oberty.

N°. XIX.

Du 15 octobre 1792, an premier de la République française, une et indivisible.

M. Audibert, juge, faisant les fonctions de commissaire du pouvoir exécutif, a requis le tribunal assemblé d'admettre au serment maîtres Antoine Gautier, Raphaël Roussetti, Pierre-Antoine Millo, André Giacobi, André-Marie Roussetti, ci-devant procureurs; Vincent Pellegrin, Jacques Giacobi, et Pie Bernardi, ci-devant substituts de quelques procureurs de cette ville ; et Jean-Baptiste Roux, homme de loi, pour faire les fonctions d'avoués auprès du tribunal civil et criminel provisoire.

Le tribunal a concédé acte à maîtres Gautier, Roussetti, Millo, Giacobi, Roussetti, Pellegrin, Giacobi, Bernardi et Roux, du serment qu'ils ont tous présentement prêté d'être fidèles à la nation, et à la loi française, de maintenir de tout leur pouvoir la liberté et l'égalité, et de mourir en les défendant, et de faire respecter les personnes et les propriétés, et de remplir avec zèle et impartialité les fonctions qui leur sont confiées.

Fait à Nice, dans la salle du prétoire, l'an et jour susdit.

Signé. J. A. Alzairi, juge, Audibert, Dabray, Galli.
Pour copie conforme.

Signé, Bernardi.

N°. X X.

Dabray, membre du Conseil des Cinq-Cents, au citoyen Pie Bernardi, accusateur public du tribunal criminel du département des Alpes maritimes.

Paris, le 14 thermidor an 5 républicain.

Mon cher concitoyen ,

J'ai reçu la lettre que, le premier du courant mois , vous avez bien voulu m'écrire, et j'ai invité le ministre de la justice de pourvoir au plutôt sur votre demande.

Salut, fraternité et attachement.

Signé, Dabray.

Dabray, membre du Conseil des Cinq-Cents , au citoyen Bernardi.

Paris , le 18 fructidor an 5 républicain.

Citoyen ,

J'ai retiré la lettre que, le 5 du courant mois, vous m'avez écrite, et j'ai fait passer au ministre de la justice les pièces y jointes : je ne doute pas qu'il ne s'empresse de remplir l'objet.

Salut et fraternité

Signé, Dabray.

Dabray , membre du Conseil des Cinq-Cents , à l'accusateur public du département des Alpes-Maritimes.

Paris, le 22 vendémiaire an 6 républicain.

Mon cher citoyen ,

Votre lettre du 1er du courant mois m'est parvenue dans le temps ; mais des affaires multipliées et un dérangement de santé m'ont empêché d'y répondre plus tôt.

Vous avez bien fait de reprendre vos fonctions, et je ne doute
point que vous ne vous fassiez un devoir de les remplir.

Salut, fraternité et attachement.

Signé, Dabray.

Pour copie conforme,

Signé, Bernardi.

* * *

No. X X I.

*Extrait des registres de la correspondance du Directoire du
département des Alpes-Maritimes.*

Nice, le 4 mai 1793.

Au citoyen Dabray, député à la Convention nationale.

En supposant que vous ayez pu connoître les motifs qui ont porté
le Directoire à vous refuser la voiture, nous n'avons pas lieu d'être
surpris qu'ils aient pu vous paroître frivoles et erronés.

Nous savons combien il est dur à un citoyen qui a passé ses veilles
dans la lecture et l'étude des lois presqu'arbitraires qui alimentoient
les prétentions des hommes en place, que, vous voyant élevé à celle
de député à la Convention nationale, des administrateurs, pour vous
faire plaisir, n'aient pas pu comprendre un décret qui prescrit la
vente aux enchères publiques de tous les effets laissés à leur surveillance, et qui ne leur permet point d'en disposer en maîtres,
comme vous avez paru le vouloir.

Que les voitures au reste appartiennent ou non à des émigrés français, nous n'avons pas plus de droit d'en disposer en la manière dé-
sirée, de même que des autres; et il est inoui de voir attribuer gra-
tuitement à un corps composé de membres qui n'ont aucun inté êt
particulier à la rentrée des fuyards, des vues de les favoriser, lorsque
vous ne pouvez pas cacher parmi eux le nombre des collègues et amis
que vous y avez.

Dieu veuille que vous ne voyiez dans votre mission que le bien de
la République, et que les sentimens contraires au respect que l'on
doit aux corps constitués, manifestés dans votre lettre, ne soient que
l'effet d'une humeur passagère!

Nº. XXII.

Lettre du citoyen Gastaud au citoyen Dabray.

Nice, le 7 thermidor an 5 républicain.

Les calomnies dirigées contre moi ne m'ont pas affecté, si ce n'est pour le titre de débiteur failli et de millionnaire, qu'il a plu à monsieur Blanqui de me donner. Je sais qu'il entre dans le projet des plats valets du trône et de Pitt, de décrier les républicains, de les qualifier de terroristes, de partisans de Robespierre, etc., et des les présenter comme des êtres généralement détestés; mais je n'imaginois pas que Blanqui fût assez scélérat que d'oser attaquer la probité d'un homme qui, sous un gouvernement où la mauvaise foi n'étoit un crime que pour ceux qui n'auroient su en profiter pour s'enrichir anx dépens de qui que ce fût, où l'honneur n'étoit plus qu'une chimère, s'il n'éblouissoit les yeux et satisfaisoit l'estomac de quelques évaporés, ambitieux ou affamés, ait su sacrifier plus de la moitié de sa fortune pour ne pas diminuer d'une obole celle des amis et correspondans que la confiance avoit engagés dans des opérations mercantilles avec une société que mes facultés et celles de mon frère avoient relevée de l'état de détresse, et que de vrais fripons déguisés, Giraudi et Audiberty, ont simultanément trompée avec la plus manifeste impunité.

Déja une fois je fus qualifié auprès du représentant François de débiteur failli. On me fit la grace de m'y donner encore le titre de modéré, et autres dénominations que l'ordre du jour improuvoit···· Je suis débiteur failli, et je ne paye aucun de mes créanciers, quoique millionnaire depuis la révolution ! Comment ? débiteur, millionnaire et point de paiement ! cela est trop fort.

S'il est vrai que pour faire faillite il faut donner un bilan, ou déclarer par tout autre acte qu'on est devenu insolvable; s'il est vrai que, pour n'être pas molesté par des créanciers, il faut avoir pris des arrangemens avec eux et les avoir acquittés, pourquoi monsieur Blanqui, qui est jaloux de mes acquisitions, ne les fait-il pas sortir pour me faire payer ? Si je n'ai pas donné de bilan, si je n'ai passé aucun acte d'atermoiement avec les créanciers qu'il me suppose, je puis être actionné à chaque instant, à chaque minute, et rien ne peut me dispenser de les satisfaire. A-t-il un titre pour me qualifier de débiteur failli ? Est-ce parce que j'ai été négociant ? J'ai

H 3

professé cet état en honnête homme, et j'ai sacrifié à cette réputation, et à la rapine de deux coquins comme lui, les plus précieux
de mes biens. Moi seul je les ai vendus pour faire honneur à mes
engagemens, et il m'en reste encore à exiger : voilà les œuvres de
celui qu'il qualifie de débiteur failli ; et s'il me croit tel, est-il si difficile
de le prouver, ne peut-il pas faire fouiller tous les registres de dépôts
anciens et nouveaux, sonder et écrire, s'il le veut, à tout l'univers,
pour recueillir des pièces qui me constituent pour débiteur failli ? Sa
probité, son honneur compromis auprès du ministre auquel il m'a
dénoncé, ne lui imposoient-ils pas la stricte obligation de le prouver ?
Veut-il que je lui facilite les moyens de pousser son infamie plus
loin ? permettez-moi de lui écrire qu'il est un vil calomniateur, et
je me charge de lui ajouter qu'il peut faire imprimer et afficher une
invitation pour défier tous ceux qui ont des preuves ou de simples
renseignemens à fournir sur la prétendue faillite, et sur les prétendus
créanciers à payer, qu'ils peuvent franchement se présenter. Mais, ô
scélératesse ! ô turpitude d'un homme qui a représenté le peuple français !..... Si je n'étois pas gêné par la considération du secret que
je dois garder sur ce que vous m'aviez communiqué de ses manœuvres ;
mais s'il pouvoit vous être indifférent que j'eusse cette délicatesse, je
le peindrois et l'afficherois comme il mérite en usant du million (de
sols de Parme sans doute) dont il veut me faire riche.

Nº. XXIII.

Déclaration du tribunal de commerce séant à Nice.

ÉGALITÉ.　　　　　　　　LIBERTÉ.

Nous, membres composant le tribunal de commerce du département
des Alpes maritimes séant à Nice, certifions à qui il appartiendra, qu'à
la réquisition de la citoyenne Thérèse Gastaud, femme du citoyen
André Gastaud, natif de cette commune, avons fait la recherche dans
les registres, et autres papiers, tant de l'ancien consulat que de ce tribunal, et que nous n'y avons trouvé ni bilan ni autre titre qui puisse
constater que ledit citoyen André Gastaud ait dans aucun temps fait
faillite.

Fait et délivré dans la salle des séances le 8 du mois de thermidor
an 7 de la République française, une et indivisible.

Signé, Jean Moyse, juge; Barthelemy Bernardi, juge; Jean-Baptiste Sauvaigo, juge ; Paumé, *président*; Pierre-Louis Devissi, *secrétaire-greffier*.

N°. X X I V.

Déclaration de la maison de commerce Leclerc et compagnie.

ÉGALITÉ.   LIBERTÉ.

Nous soussignés, Leclerc et compagnie, négocians patentés de cette commune, y établis et domiciliés depuis longues années, déclarons en faveur de la vérité, et à la réquisition de la citoyenne Thérèse Gastaud, que nous avons connu et connoissons très-bien son mari André Gastaud, aussi de cette commune et ci-devant négociant ; que nous avons souvent traité et fait des affaires avec lui à notre satisfaction réciproque ; qu'en tout temps il a rempli ses engagemens avec exactitude et en négociant probe et de bonne-foi, et enfin qu'il n'est jamais parvenu à notre connoissance qu'en aucun temps son crédit ait été suspect, et moins encore son honnêteté et sa moralité. En foi de quoi nous délivrons le présent pour servir et valoir à ce que de droit.

A Nice, 9 thermidor an 7 de la République, une et indivisible.

Signé, Leclerc et compagnie.

N°. X X V.

Déclaration de la maison de commerce Thaon.

ÉGALITÉ.   LIBERTÉ.

Je soussigné, Paul Thaon, négociant patenté, et natif de cette commune, déclare en faveur de la vérité, et à la réquisition de la citoyenne Thérèse Gastaud, que j'ai connu et connois très-bien son mari André Gastaud, aussi de cette commune et ci-devant négociant, que dans le temps qu'il étoit dans le commerce, il a toujours rempli ses engagemens avec exactitude et en négociant probe et de bonne-foi, et que pour sa tranquillité, s'en étant retiré, il a travaillé dans ma maison de commerce sous la raison alors de Jean-François Thaon et fils, en qualité de premier commis , jusqu'à l'entrée de l'armée française dans notre département, au grand contentement de toute la maison , soit par son talent que par sa probité. En foi de quoi je délivre le présent pour servir et valoir à ce que de droit.

Nice, le 9 thermidor an 7 de la République française, une et indivisible.

Signé , Paul Thaon.

Nº. X X V I.

Esquisse des sentimens patriotiques qui dirigent le citoyen Marc Villaret.

Le citoyen Villaret , nommé au commencement de l'an 3 , par la commission des approvisionnemens de la République, garde - magasin général près l'armée d'Italie, ne fut connu des patriotes de Nice , jusqu'à la mission de l'ex-représentant Beffroy , que par les fonctions de son emploi.

Nous ignorons de quelle manière il s'en est acquitté , parce que nous fûmes bientôt incarcéré comme terroriste par ce même ex-représentant, quoique deux ou trois mois auparavant nous eussions été déplacé du comité de surveillance, comme homme inepte et sans énergie, par son ex-collègue Turreau , avec lequel il avoit concerté la liste de proscription.

Pendant notre détention le citoyen Villaret n'a cessé d'accepter les repas qu'offroit alors Beffroy à tous ceux qui parloient le langage de la réaction : on a voulu m'assurer qu'il y a brillé.

D'autres représentans succédèrent à Beffroy, professant cependant des sentimens un peu différens de leur collègue ; mais n'osant trop attaquer les actes de ce réacteur, et se contentant de les blâmer.

Le citoyen Villaret ne cessa d'énoncer les mêmes opinions qu'il avoit manifestées à la table de *Beffroy.* Il fit plus : il poussa assez loin ses explications.

Voici la note qu'on nous a fournie à son sujet ; nous la transcrivons mot à mot. « Le 10 prairial de l'an 3 je fus nommé par les représen- » tans en mission , *Réal* et *Dumas* , pour certifier le nombre d'assi- » gnats *à face royale* qui existoient dans les différentes caisses de » l'armée d'Italie. Le citoyen Villaret étoit alors garde-magasin de » l'agence de commerce ; lui seul en avoit chez lui plus que dans toutes

» les autres caisses de l'armée , sans excepter celle du payeur général.
» Il fut question des affaires publiques , et la loi qui démonétisoit les
» assignats *à face royale* fut le sujet de la discussion. Il trouva cette
» loi *impolitique* et ruineuse pour le crédit public , et ajouta que dans
» les circonstances où se trouvoit la République , il ne voyoit d'autre
» ressource que de faire un accommodement avec les puissances en-
» nemies , et de rétablir la royauté constitutionnelle. »

La suppression de la commission d'approvisionnemens entraîna celle
de toutes les places de ses gardes-magasins ; le citoyen Villaret se trouva
par conséquent sans occupation.

Desireux d'en trouver, il annonça des principes conformes à ceux
qui dirigeoient les principales autorités du département.

On oublia qu'il avoit dîné chez *Beffroy* sous le régime sanglant de
la réaction , parce qu'on voulut attribuer à la seule crainte de perdre
sa place les propos inciviques qui lui étoient échappés à plusieurs occasions. Il fut nommé par l'administration centrale membre d'une commission extraordinaire établie *à Tende* pour la sûreté des routes et la
répression du brigandage. Il s'y conduisit avec quelques - uns de ses
collègues, que lui-même avoit choisis, plus despotiquement et ultra-
révolutionnairement que ne l'eussent fait des fonctionnaires qui eussent
voulu barbétiser tout le département.

Cette commission , ménagée par des raisons politiques pendant quel
que temps, fut enfin supprimée par la même administration qui l'avoit
créée, avant même que le ministre de la police , à qui on s'étoit plaint
des actes arbitraires et tyranniques qu'elle se permettoit , eût témoigné
son improbation , en ordonnant l'anéantissement de cette commission.

Le citoyen Villaret n'en fut pas content; il se trouvoit par là privé
d'un traitement, et ne pouvoit plus accorder ses faveurs à ceux des
émigrés qui , rentrant par le passage du col de Tende , eussent pu réclamer sa protection. Dès lors il vomit des imprécations contre les
membres du département.

S'ils furent par lui successivement ménagés pendant quelque temps,
c'est parce que des circonstances, qui seroient honorables pour lui , si
elles pouvoient être le fruit de quelques bonnes intentions , lui com-
mandèrent de se couvrir de l'égide de leur protection.

Le 18 fructidor arriva : le citoyen Villaret vit dans cette journée ce
que voient d'ordinaire dans ces sortes d'événemens tous ceux qui convoitent les places qui peuvent mieux satisfaire leur intérêt, et un esprit
de domination.

Des cercles constitutionnels s'ouvrirent dans plusieurs communes de la République. Celui de Nice fut bientôt ouvert ; mais dirigé et dominé par Villaret, il devint le foyer des plus secrètes dénonciations, signées presque toujours par des hommes étrangers au département, que la curiosité ou l'oisiveté attiroit à leur passage à Nice dans cette réunion, et dont les déclamations toujours ultra-patriotiques de notre orateur provoquoient et surprenoient en même-temps la religion.

Il est inutile de relever quels furent les hommes dénoncés. On pensera sans doute que ce fut des fonctionnaires destituables et des fonctionnaires salariés par la République ; car peu importoit à Villaret et à ses partisans que les autres restassent en place, qu'ils fissent leur devoir ou non.

Ce fut principalement aux approches des élections que Villaret redoubla d'effort pour faire éloigner des fonctions publiques ceux dont il redoutoit les principes et l'influence auprès de leurs concitoyens.

Ses efforts furent encore inutiles. Les républicains du département surent, dans cette occasion, encore mieux apprécier ses intentions. Si elles sont pures, disoient-ils, pourquoi sont-elles méconnues par les citoyens de son département où il est en exécration ? On lui rendit justice Il ne fut appelé à aucune fonction, et il ne vouloit rien de plus, tout-à-la-fois, qu'être nommé électeur, officier municipal et juge-de-paix, ensuite député au Corps législatif, administrateur du département, président du tribunal criminel, accusateur public, ou tout au moins juge au tribunal civil. Voilà quelles étoient les places qu'il convoitoit en même temps.

Le citoyen Villaret, qui vouloit faire expulser d'une assemblée primaire des citoyens que la constitution et les lois autorisoient de voter, fut exclu lui-même de cette assemblée, comme n'ayant pas la résidence requise, et ne payant aucune contribution.

Cette démarche de sa part, aussi injuste que téméraire, acheva de le perdre entièrement dans l'opinion même du petit nombre de ses partisans. Le mépris pour cet homme ne fut plus que général. C'est alors qu'il perdit l'espoir d'obtenir le moindre emploi dans le département. Il sentit le besoin de le quitter ; et oubliant toujours qu'il étoit de *Montpellier*, il s'en fut à *Milan* et de là à *Turin*, où il obtint, par la protection, qui est toujours à la porte des intrigans, d'être un des secrétaires du citoyen Eymard, commissaire du gouvernement.

C'est là qu'il apprit la destitution des trois administrateurs, qu'il s'empressa de sanctionner ; c'est delà que ce *censeur rigide* des mœurs, cet homme *désintéressé*, *cet ami sévère de la médiocrité*, en faisant à un de ses amis le tableau de toutes ses jouissances, celles de la vie animale sur-tout, s'exprime en disant que cela *lui suffit pour le moment*, *en même temps qu'il espère encore un meilleur avenir*.

C'est delà qu'il écrit en pluviose *qu'il ne faut pas perdre de vue que les élections sont prochaines*, et qu'il fournit la liste de ce qu'il appelle ses amis.

C'est delà encore que le 22 nivose, avant qu'il obtînt la place de secrétaire du citoyen Eymard, il écrivoit au consul ligurien qu'il étoit obligé de valeter journellement, d'attendre dans des antichambres du matin jusqu'au soir, sans pouvoir jamais parler à ce qu'il appelle *visirs*.

C'est aussi delà qu'il se plaint de se voir réduit à solliciter de l'emploi auprès de ce qu'il appelle *coquin*.

C'est delà que la prétendue austéritée de ses principes lui commande de payer un tribut d'éloges aux Piémontais, qui l'ont engagé à venir de *Milan* à *Turin*, en les qualifiant de *soi-disant patriotes*.

C'est delà enfin qu'il exprime ses regrets d'avoir quitté Nice, et témoigne le désir d'y retourner ; et c'est un jour après qu'il a écrit à un autre de ses amis qu'il y avoit éprouvé bien des chagrins, et qu'on lui avoit suscité des persécutions injustes.

Tel est l'homme que le citoyen Dabray a cru devoir appeler à son appui. Ses œuvres et l'expression de ses sentimens le feront suffisamment juger.

N°. X X V I I.

Gastaud (des Alpes-Maritimes), membre du Conseil des Anciens, au Directoire exécutif.

Paris, le 15 floréal, an 7 de la République une et indivisible.

Citoyens directeurs,

Les démarches que j'ai faites, et les pièces communiquées et transmises à l'un de vous, le citoyen Merlin, et à vos ministres, ont dû vous donner une idée de l'empressement que j'avois de prévenir les effets sinistres d'une surprise, avec laquelle on étoit parvenu à vous arracher l'arrêté du 29 frimaire dernier, qui a destitué et dénoncé aux tribunaux trois administrateurs de mon département.

Toujours guidé par des principes d'impartialité et de justice, je n'ai négligé aucun moyen pour me procurer tous les renseignemens qui pouvoient me mettre à même d'éclairer votre religion, lorsque les circonstances vous auroient mis dans le cas de me consulter, et j'ai fait sentir à mes concitoyens que le gouvernement n'auroit pas été long-temps l'instrument des passions de ceux qui abusoient de sa confiance.

Convaincu de cette vérité, j'ai voué au mépris le zèle bien déplacé qu'a témoigné mon collègue Dabray dans une lettre qu'il a fait circuler pour réparer le louche que ses yeux ont vu répandre sur le Directoire par une lettre que j'avois fait insérer sur le *Publiciste* pour démentir une assertion calomnieuse qu'on lui avoit fait annoncer.

Il m'auroit fallu augurer bien mal du gouvernement, pour me persuader qu'il auroit fait le plus petit cas d'un trait aussi bas de flatterie et d'imposture.

La correspondance m'a ensuite appris que vous aviez mis la commune de Nice en état de siége, et que vous aviez autorisé le général qui y commande d'étendre cette mesure, en se concertant avec l'administration centrale et votre commissaire auprès d'elle, sur toutes celles des autres communes du département où elle seroit nécessaire. C'a été pour moi un mystère bien pénible que d'ignorer les motifs qui avoient pu nécessiter une telle mesure, qui, dans les temps les plus critiques, et dans les circonstances les plus orageuses, avoit été épargnée par la sollicitude et le zèle des autorités constituées.

Mon cœur a été encore plus navré de douleur en apprenant que l'extension sembloit n'avoir frappé que celles des autres communes qui avoient donné les preuves les plus convaincantes de leur attachement à la République.

J'ai eu occasion de connoître postérieurement des nouvelles dénonciations dirigées, et contre les administrateurs, que le susdit arrêté a frappés de destitution, et contre les fonctionnaires publics du département, qui auroient pu vous fournir des renseignemens. C'est alors que je me suis félicité de toucher à l'époque où le Directoire auroit reconnu jusqu'où on vouloit pousser l'ambition et l'intrigue pour l'isoler totalement, et à l'effet de lui fermer toutes les voies par lesquelles on pouvoit faire parvenir la vérité jusqu'à vous.

Mes espérances cependant sont déçues ; les rapports qui m'arrivent journellement de mon département me prouvent que les ambitieux qui y sement la division pour y dominer , se font forts de votre appui , et s'y rendent dispensateurs de votre volonté.

Comme ces rapports , quoique dérivant de citoyens dont je connois la probité et le civisme, peuvent avoir été dictés par l'esprit de quelque petite passion , j'ai voulu suspendre d'y prêter foi, et de vous les présenter comme des réalités ; mais à quoi aboutira-t-elle , ma circonspection, si le gouvernement, cédant trop facilement aux impulsions de quelques-uns de ses agens , dont il ne connoît pas sans doute les vues d'intérêt , éloigne de sa confiance ceux qui sont autant que lui intéressés à faire connoître les pièges qu'on lui tend pour le tromper , et l'engager dans des actes qui puissent le rendre odieux aux yeux de ceux là mêmes qui sont prêts à tout sacrifier pour le soutenir ?

Je connois trop l'obligation que j'ai contractée en acceptant la mission dont mes concitoyens m'ont honoré , pour garder le silence sur un état de choses aussi alarmant. Je dois donc vous dire , citoyens directeurs , on cherche à vous tromper, et on creuse sous vos pas l'abyme qui engloutiroit la République entière , si ceux qui l'ont défendue jusqu'à ce jour ne sont pas tirés de l'état d'avilissement et d'oppression sous lequel ils gémissent.

Signé, Gastaud , à l'original.

Nº. XXVIII.

Lettre du citoyen Gastaud au citoyen Merlin , président du Directoire exécutif.

Paris , le 15 prairial, an 7 de la République.

Un arrêté du 8 floréal dernier a ordonné , citoyen directeur , la déportation du citoyen Joseph Scudery , président de l'administration municipale du canton de Contes , département des Alpes-Maritimes.

Les pièces d'après lesquelles cet arrêté est motivé ne sont que le résultat de la perfidie de ceux qui sont parvenus à vous arracher un acte qui punit un de vos meilleurs amis , et jette la désolation dans une famille dont chaque individu s'est acquis des droits à la reconnoissance nationale. Il n'y a rien de plus faux et de plus contraire à la vérité des faits que ce qu'on allègue dans le *considérant* contre l'individu condamné. Faites - vous donner lecture des deux lettres qu'il m'a écrites, ainsi que des pièces qu'un de ses frères a adressées au Directoire exécutif. Comparez - les, je vous prie, avec celles que le crime de ses ennemis a seul pu rédiger contre lui, et, dans votre sagacité et justice, jugez si la peine de la déportation doit être le prix de son innocence et des services qu'il n'a cessé de rendre à son pays jusqu'au moment même de son arrestation.

La punition du juste est un fléau pour l'humanité, celle du républicain vertueux démoralise l'esprit public. Il n'est pas un homme dans mon département qui ne gémisse de voir que le seul crime y triomphe depuis quelque temps, et qu'on y arme ainsi les républicains contre le gouvernement. Vous pouvez encore prévenir ces désastres, en prenant, dans votre sagesse, les mesures capables de vous faire connoître la vérité.

Salut et fraternité.

Signé, Gastaud, *à l'original.*

N°. XXIX.

Gastaud (des Alpes-Maritimes), membre du Conseil des Anciens, au ministre de l'intérieur.

Paris, le 16 floréal, an 7 de la République une et indivisible.

Citoyen ministre,

Les actes d'autorité les plus arbitraires se multiplient depuis quelque temps dans le département des Alpes Maritimes. Je ne vous citerai que celui par lequel on tient en arrestation le citoyen Philippe Barralis, de la commune de Luceram, sous prétexte qu'il est compris dans la loi du 23 août 1793, qui a mis en réquisition tous les jeunes gens de dix-huit à vingt-cinq. Ce citoyen est cependant toujours président de l'administration municipale du canton de Scarena, quoique suspendu de l'exercice de ces fonctions par un de ces arrêtés dictés à l'administration centrale et au commissaire près d'elle, plus par un esprit de vengeance particulière et de méchanceté que par le desir d'exécuter les lois. S'il est vrai, comme le pensent ladite administration centrale et le commissaire, qu'il n'y ait pas d'exemption pour ceux qui, lors de la publication de la loi pré-citée, se trouvoient à des fonctions publiques exercées depuis sans interruption, pourquoi vous a-t-on proposé, et laisse-t-on en fonctions d'autres individus de l'âge de la réquisition, qui, non-seulement n'ont pas été toujours fonctionnaires publics, mais qui servoient jadis en Piémont la cause de la royauté ? De ce nombre sont le commissaire du Directoire exécutif, qui a remplacé le citoyen Millon dans le canton d'Aspremont, et le commissaire près le canton de Bureil. Quant à celui-ci, il ne me conste point qu'il ait la tache d'émigration ; mais son âge le range dans la classe de ceux des autres fonctionnaires qu'on a cru devoir faire marcher aux armées.

Vous prouverez, je n'en doute point, citoyen ministre, que les lois seules doivent gouverner des républicains, en provoquant les mesures qui peuvent faire cesser les infractions que je me suis cru en devoir de vous faire connoître.

Salut et fraternité.

Signé, Gastaud, *à l'original.*

Nᵒ. X X X.

Gastaud, etc., au même ministre.

Paris, le 22 messidor an 7ᵉ. républicain.

Je vous transmets ci-inclus le duplicata de la lettre que j'adressai à votre prédécesseur le 16 floréal dernier pour l'inviter à faire cesser des actes arbitraires qui se commettoient dans notre département, et pour lui dénoncer la détention injuste et illégale du citoyen Philippe Barralis, président de l'administration municipale du canton d'Esca-rena : j'ignore s'il a été fait quelque chose à l'égard de ce républicain ; mais quelle qu'ait été la décision de votre prédécesseur dans un temps où le système des anciens directeurs commandoit les injustices, je vous prie de la faire examiner pour réparer au besoin celle qui pourroit encore frapper cet ami sincère de la République. Il est bon que vous sachiez que la suspension des fonctions de ce président, et son arrestation, n'ont été provoquées et prononcées par le commissaire central et les administrateurs du département qui avoient remplacé les destitués par l'ancien Directoire, que parce que dans la dernière assemblée électorale il n'a pas voulu coopérer aux choix dictés par les menaces, les intrigues et les actes de violence du commissaire central et desdits administrateurs. Le citoyen Barralis jouit de l'estime de ses concitoyens ; son républicanisme le rend digne de votre confiance et de celle des nouveaux Directeurs. Ce sont des titres sans doute qui vous détermineront à le rétablir dans les fonctions de président de l'administration de son canton, dans le cas où l'ancien Directoire auroit approuvé l'arrrêté qui prononce sa suspension.

Salut et fraternité.

Signé, Gastaud, *à l'original.*

N°. XXXI.

Gastaud (des Alpes-Maritimes), *membre du Conseil des Anciens , au ministre de la police générale de la République.*

Paris, le 17 floréal an 7 de la République.

Une lettre de mon épouse, du 6 germinal dernier, m'apprend, citoyen ministre, qu'on a porté sur une liste d'absens le citoyen *Etienne Suche*, mon neveu, quoiqu'il soit bien notoire et de notoriété publique , dans le département des Alpes-Maritimes, qu'il est à l'armée d'Egypte. Les observations faites par l'administration municipale de la commune de Nice , antérieurement à cette inscription , ont été infructueuses auprès de l'administration centrale ; elles n'ont servi qu'à exciter davantage, contre ce qui m'appartient, l'animosité des individus que l'intrigue et le crime ont appelés au remplacement des membres destitués.

Vous voudrez bien, je pense, donner les ordres les plus précis pour que mondit neveu soit rayé de ladite liste, à l'aspect des cinq lettres originales écrites de sa main que je vous transmets ci inclus ; trois sont datées de Toulon des 19, 22 et 24 floréal an 6 avant le départ de l'escadre ; la quatrième, écrite devant *Malte* , est du 23 prairial même année, et la dernière est du 1er. vendémiaire dernier, écrite du Caire. Ces lettres vous donnent non seulement la certitude qu'il

n'est

n'est pas plus absent que ne le sont tous ceux qui composent nos armées, mais qu'il n'a pas attendu l'âge qui pouvoit l'appeler aux dangers, pour aller servir sa patrie.

Salut et fraternité.

Signé, Gastaud, à l'original.

Autre Lettre du citoyen Gastaud, etc. , au ministre de la police générale.

Paris, le 12 prairial an 7ᵉ. républicain.

Le 18 floréal dernier, je vous présentai une lettre que je vous adressai avec cinq autres originales du citoyen Etienne Suche, mon neveu, pour réclamer contre l'inscription de son nom, sur la liste des absens, par l'administration centrale de mon département. Vous eûtes la bonté de faire prendre note qu'il seroit écrit à cette administration pour la radiation de ce nom ; j'ai lieu de croire que vous l'aurez ordonnée. Il paroît néanmoins que ladite administration, toujours guidée par les mêmes sentimens contre tout ce qui ne seconde pas l'esprit d'animosité qui dirige la plupart de ses membres, n'a fait aucun cas des ordres que vous pouvez lui avoir donnés à cet égard, puisqu'elle s'opiniâtre à maintenir sur cette liste le nom de mondit neveu, quoique, par la pétition et pièces présentées par mon épouse, elle ait pu s'assurer que mon neveu n'avoit jamais mérité d'y figurer. Cette administration a encore fait plus ; elle a égaré une partie des pièces que ma femme avoit présentées pour prouver l'injustice de l'inscription. C'est dans cet état de choses, citoyen ministre, que je viens réclamer de votre autorité un arrêté qui prononce que l'inscription du nom de mon neveu sur la liste des absens du département des Alpes maritimes est et sera regardée comme non avenue, par l'effet des pièces que vous transmettoit ma première lettre du 17 floréal dernier, et de celles encore que vous trouverez ci-incluses, consistant, 1°. en une attestation de l'administration municipale de Nice, du 2 de ce mois, constatant que le citoyen Suche, conscrit de la première classe, n'a été porté sous le n°. 167 qu'avec l'annotation qu'il étoit embarqué sur l'escadre ; 2°. en une attestation de la même administration municipale, du premier dudit mois, constatant la notoriété publique de la résidence de mondit neveu jusqu'à l'époque de son départ pour l'expédition en Egypte ; 3°. une lettre originale dudit citoyen Suche, datée de Malte du 26 prairial an 6 républicain, et adressée au soussigné son oncle ; 4°. une déclaration du citoyen Martin, employé au service de la marine sur le vaisseau

Gastaud (des Alpes Maritimes.)　　　　　　　　1

le Spartiate, datée du 3o floréal dernier, constatant que mondit neveu Etienne Suche a été embarqué sur le vaisseau *le Conquérant* ; qu'il s'est débarqué à Alexandrie, et qu'il l'a vu à différentes époques, toujours au service des hôpitaux, soit au *Caire* qu'à *Damiette* ; 5°. enfin un certificat du régisseur général des hôpitaux militaires de l'île de Corse et de Toulon, daté de cette dernière place, du 15 floréal dernier, constatant son emploi dans les hôpitaux militaires à la suite de l'armée d'Egypte, en qualité de commis aux écritures, sur l'état général qui fut dressé à cet effet par le commissaire ordonnateur Sucy, et son embarquement sur un des bâtimens de la République, partis de Toulon le 26 floréal an 6. Ce certificat est dûment visé par le commissaire des guerres le citoyen Pelissond.

Salut et fraternité.

Signé, Gastaud, à l'original.

———————

N°. XXXII.

Lettre du citoyen Gastaud, etc., au ministre de la justice.

Paris, le 4 prairial an 7e. républicain.

Des lettres de Nice m'apprennent, citoyen ministre, que l'esprit d'intrigue et de méchanceté qui dirige depuis quelque temps les affaires dans le département des Alpes-Maritimes, est porté à un si haut degré de perfidie, qu'il n'y a pas plus de garantie ni de sûreté pour le fonctionnaire que pour le simple citoyen qui ne veut prendre part aux mesures extraordinaires et subversives de tout ordre social, que prennent ou sollicitent le commissaire central et les nouveaux membres de l'administration centrale. Par-tout où ils voient des hommes en place qui ne veulent par se rendre esclaves de leurs passions, ils forment le projet de les faire destituer en les accusant des crimes qu'ils ne peuvent leur faire commettre. C'est encore par le moyen des lois qui frappent les parens des émigrés qu'ils cherchent à faire exclure ceux qui, revêtus de fonctions indépendantes de l'ordre administratif, ne peuvent être atteints que de cette manière. Ce qui arrive au citoyen Dalmassi, juge au tribunal du département, est une preuve de ce que j'avance. Vous venez, m'a-t-on dit, de lui ordonner de cesser ses fonctions, comme frappé par la loi du 3 brumaire, et c'est sans doute sur la dénonciation qui vous aura été portée de l'inscription d'un de ses frères sur la liste des émigrés.

Cette dénonciation me fut faite, il y a plus d'un an, lorsque je remplissois, dans le département, les fonctions de commissaire. Il me fut aisé d'appercevoir qu'elle n'avoit été dictée que par l'esprit de haine que conservoit un individu qui, sous le régime du gouvernement sarde, avoit éprouvé de la part du citoyen Dalmassi quelque désagrément ; j'ai voulu néanmoins m'assurer de la vérité du fait, et je provoquai dès lors l'examen de la dénonciation, en en donnant connoissance au commissaire du Directoire exécutif près les tribunaux civil et criminel du département. Je me rappelle qu'à cette occasion on reconnut que le citoyen Dalmassi n'étoit point frappé de l'exclusion prononcée par la loi du 3 brumaire, même en considérant comme certaine l'émigration de son frère. On doit même avoir rendu compte à votre ministère de tous les renseignemens qui furent fournis à ce sujet ; et il n'est jamais rien parvenu qui contrarie la décision qui fut prise à son égard.

Ce n'est que depuis environ deux mois que cette dénonciation, reproduite sans doute par le même individu, a été portée aux nouveaux administrateurs ; elle n'a pas éprouvé de difficulté pour être favorablement accueillie. Il s'agissoit de jetter la défiance sur un juge, et de faire prononcer l'exclusion des fonctions qu'il exerce avec autant de justice que de désintéressement, d'un juge, dis-je, qui remplissant les fonctions d'officier de police judiciaire, avoit bravé leurs menaces et celles du commissaire près d'eux dans l'affaire des administrateurs remplacés.

C'est pour obtenir ce résultat que l'inscription du frère audit citoyen Dalmassi fut arrêtée, il y a environ deux mois, par l'administration départementale ; c'est d'après un titre pareil qu'on vous a sans doute dénoncé ce juge comme contrevenant à la disposition de la loi précitée.

Rien n'est cependant plus douteux, citoyen ministre, que l'émigration du frère Dalmassi : mais, en supposant qu'elle fût vraie, l'inscription qui vient d'en être faite étant postérieure à l'exercice des fonctions de juge qu'il exerce depuis le gouvernement constitutionnel, ne peut, en aucune manière, l'atteindre. S'ils allèguent, comme on me l'a supposé, que cette inscription ait déjà été faite par l'administration du ci-devant district de Puget-Théniers, je déclare que c'est une fausseté des plus insignes, qui n'est mise en avant que pour arriver au but qu'on se propose, celui de frapper un fonctionnaire qui ne peut pas avoir leur confiance, parce qu'il a su résister à leurs menaces, et a compris leur manœuvres.

J'ai cru de mon devoir de vous donner ces renseignemens , persuadé qu'ils seront suffisans pour éclairer votre religion, et vous engager à révoquer l'ordre que vous avez donné au citoyen Dalmassi de suspendre l'exercice des fonctions qu'il remplit en homme d'honneur et en vrai républicain.

Salut et fraternité.

Signé, Gastaud, à l'original.

N°. XXXIII.

Extrait des registres du greffe de la justice de paix de la seconde division du canton de Nice.

Je soussignée, Antoinette Marie Olivaris, native de la commune d'Utelle, chef-lieu du canton, département des Alpes maritimes, domiciliée en cette commune de Nice, à la réquisition du citoyen Joseph Scudery aîné, déclare en faveur de la vérité que le citoyen Jean Baptiste Martin, ex-moine, se disant secrétaire du citoyen Rufin Massa, commissaire central près l'administration du département, se présenta chez moi, il y a environ quatre ou cinq mois, pour m'engager à déclarer, tant verbalement que par écrit, que j'avois donné de l'argent au citoyen Jean Scudery dans le temps qu'il etoit administrateur du même département, afin qu'il me favorisât dans le partage des biens de l'hoirie de Louis Olivaris, mon neveu, dans laquelle la République étoit intéressée, comme aussi dans l'arrentement de la portion des mêmes biens qui écheroient à la République ; que ledit Martin m'offrit de me faire rembourser l'argent qu'il prétendoit avoir été par moi donné audit Scudery, dans le but de me suborner , et de m'obliger à faire une pareille déclaration ; mais, qu'attendu qu'elle étoit contre toute vérité, je refusai courageusement en observant au tentateur combien le ministère qu'il remplissoit étoit indigne, que j'étois incapable de me prêter à ses desirs, et qu'il eût à se retirer sur le-champ : ce qu'il fit : et tout cela se passa en présence des citoyens Jean Olivaris et Louis Roux, qui se trouvèrent présens à ma maison, et que j'appelai à cette occasion en témoins de ce que ledit Martin prétendoit de me forcer à faire.

Je déclare de plus que, quelque temps après , l'administration centrale, sur la demande de Massa, commissaire, lança contrainte contre moi pour m'obliger à payer la totalité de la contribution foncière, dont tous lesdits biens de l'hoirie Olivaris étoient chargés , et qu'ayant réclamé auprès du percepteur, attendu que je n'étois en possession que de ma portion auxdits biens, celui-ci m'envoya au citoyen Massa, agent en chef des contributions ; lequel , après m'avoir écoutée , me dit que si je voulois que l'on s'occupât du dégrévement que je réclamois, je devois au préalable faire la déclaration d'avoir donné de l'argent au citoyen Jean Scudery pour obtenir la pension (1) qui m'étoit due sur les biens-fonds de l'hoirie Olivaris , située au quartier de Roquebillière ; et, en cas de refus de ma part, on travailleroit au contraire à me faire ôter la pension (1) : que je répondis au citoyen Massa qu'il étoit maître de faire faire ce qu'il voudroit ; mais que mon honneur et ma probité ne me permettroient jamais de faire une déclaration fausse et entièrement contraire à a vérité. De quoi tout je rends le présent témoignage, prête à le rectifier même avec serment par-devant tous juges ou tribunaux où je pourrois être appelée. En foi j'ai signé le présent avec et en présence des témoins aussi soussignés.

Fait à Nice , le 8 thermidor an 7 républicain.

Signé à l'original Joseph Scudery aîné , requérant ; Antoinette Olivaris : Antoine François Boucaron, témoin ; François Scudery, témoin.

Enregistré à Nice le 8 thermidor an 7 républicain. Reçu un franc et un décime en sus.

Signé à l'original, Loigerot.

Pour copie conforme à la minute.

Signé, Rocheville, *secrétaire-greffier.*

Nᵒ. X X X I V.

L'administration municipale de Nice , aux citoyens Dabray et Massa , membres du Conseil des Cinq-Cents , députation du departement des Alpes maritimes.

Nice, le 25 ventose an 6 républicain.

Nous venons d'apprendre , citoyens représentans, que le ministre de la police générale vous a écrit qu'il étoit décidé de destituer le citoyen André Gastaud , commissaire du Directoire exécutif près l'administration centrale de ce département.

---

(1) On croit qu'on a transcrit *pension* au lieu de *portion.*

Nous nous empressons, citoyens représentans, de vous en témoigner nos peines. Nous devons à la vérité, à notre conscience, au gouvernement et à nos administrés de vous certifier que le citoyen André Gastaud a toujours été et est encore à nos yeux un des patriotes les plus purs, les plus fermes de cette commune ; ne s'est jamais démenti dans aucune des places nombreuses et pénibles qu'il a remplies ; son incorruptibilité, ainsi que ses principes, nous sont connus. Persécuté, emprisonné lors de la réaction, il a soutenu sa cause et celle des patriotes avec dignité ; nommé, il y a près de trois ans, par le gouvernement son commissaire près l'administration centrale de ce département, les patriotes s'en réjouirent ; ils ont trouvé en lui un ami et un défenseur. Lorsque la faction Pichegru, qui n'étoit pas sans rapport dans ce pays, dévouoit les patriotes au même sort qu'ils essuyoient ailleurs, nous devons dire qu'alors, sans lui et le général Garnier, des assassinats se seroient commis dans cette commune ; nous ajouterons qu'à ses qualités estimables du côté des mœurs et du républicanisme, comme homme privé, il y joint comme homme public un zèle infatigable pour le travail, et un dévouement sans borne pour le gouvernement républicain, qui seroit heureux s'il employoit par-tout des agens semblables.

Nous ignorons qui sont ses dénonciateurs ; mais nous pouvons vous assurer, citoyens représentans, que ce ne peut être que des hommes égarés, ou ambitieux des places lucratives, et particulièrement de la sienne. Hâtez-vous, nous vous en prions, citoyens représentans, de communiquer au gouvernement notre opinion sur le citoyen André Gastaud. Ce n'est pas ce dernier que nous voulons servir ; c'est le gouvernement lui-même, c'est nous, c'est nos administrés : le jour de la destitution de ce citoyen seroit un jour de deuil pour les patriotes, et un jour de jouissance pour les royalistes et les amis des émigrés ; et si cinq ans consécutifs de service d'un fonctionnaire public l'exposoi-nt, sans être entendu, à être la victime de quelque dénonciation vague, quel seroit le citoyen qui pourroit être engagé à remplir des places qui excitent l'envie, l'inimitié, les passions et la jalousie ?

L'administration municipale, en s'adressant à vous, citoyens représentans, est bien-aise de vous donner une preuve qu'elle n'épouse aucun parti, qu'elle ne connoît que la justice, et qu'elle sait la rendre à qui la mérite.

Salut et fraternité.

Signé à l'original, A. Chabaud, *président ;* Jean-Baptiste Guide, Joseph Jaume, Jacques Rousset, Seguin, Chartreux fils, Bessy, etc.

N°. X X X V.

Lettre du citoyen Gastaud, commissaire du Directoire exécutif, au citoyen Dabray, membre du Conseil des Cinq-Cents.

Nice, le 23 ventose an 6 républicain.

Je reçois à l'instant votre lettre du 12 de ce mois ; et comme je n'ai pas le temps d'entrer dans les détails qu'elle nécessite, je renvoie ma réponse au courier prochain. Elle renfermera copie de la lettre que je compte écrire au ministre de la police relativement aux motifs qui peuvent l'avoir déterminé à une résolution qu'il n'auroit jamais dû prendre sans m'entendre ou sans vous consulter. J'y tiendrai le langage d'un homme libre, d'un homme qui ne craint pas la puissance des hommes élevés aux premières dignités, parce que ma conscience me dit que je suis plus républicain, et républicain pur et honnête, non-seulement de ceux qui ont osé me calomnier, mais encore de ceux qui se rendent juges de ces calomnies. Tout le regret que j'ai, c'est de n'avoir pas auprès de moi les moyens nécessaires pour voler à Paris et arracher des mains du ministre les signatures de mes calomniateurs pour les livrer à l'infamie.

Signé, Gastaud, à l'original.

Autre du même audit citoyen Dabray.

Nice, le 25 ventose an 6 républicain.

Des observations très-judicieuses qui m'ont été faites m'ont déterminé à suspendre l'envoi de la lettre que j'avois rédigée pour le ministre de la police, et m'y ont fait substituer celle dont vous avez ci-joint copie. Vous verrez qu'elle est capable d'engager ledit ministre à me faire connoître les individus qui m'y inculpent, de même que les dénonciations qui ont pu me faire perdre sa confiance. S'il remplit ma demande, il ne me sera pas difficile de mettre à jour toute la noirceur et la perfidie de mes calomniateurs ; mais s'il garde le silence, je ne pourrois m'empêcher de crier à l'injustice, et de remplir de mes réclamations les feuilles publiques.

Salut et attachement.

Signé, Gastaud, à l'original.

1 4

Copie de la lettre écrite au ministre de la police.

Nice, le 25 ventose an 6 républicain.

Le représentant du peuple Dabray m'a prévenu, citoyen ministre, que vous m'aviez mis au nombre de ceux qui ont perdu la confiance du gouvernement. Je suis fonctionnaire public depuis le moment où le drapeau tricolor a pu flotter dans ces contrées : mes preuves en révolution ne peuvent pas être épuivoques. J'ai servi constamment mon pays et la cause de la liberté sans peur et sans reproche : ma conscience me dit que j'ai fait tout le bien que je devois faire. S'il existe contre moi des préventions, elles ne peuvent qu'être l'effet d'une ou plusieurs dénonciations. Citoyen ministre, faites-les moi connoître : mes travaux ont été publics ; je répondrai clairement et promptement à mes accusateurs : jusque-là suspendez votre jugement ; je ne vous demande et attends de vous que la plus sévère justice ; mais encore faut-il, pour me la rendre, m'accorder les moyens et le temps nécessaires pour confondre ceux qui m'inculpent.

Salut et respect.

Signé, Gastaud, à l'original.

Nº. XXXVI.

Lettre du citoyen Oberty au citoyen Gastaud, membre du Conseil des Anciens.

Nice, le 27 frimaire an 7ᵉ. républicain.

Quoique je n'aie pas besoin, mon cher ami, de nouvelles expressions de votre part pour être assuré de l'intérêt que vous prenez à chaque membre de l'administration centrale, et à moi en particulier, j'ai vu néanmoins, avec une particulière satisfaction, dans votre lettre du 16 du courant, les dispositions dans lesquelles vous êtes de combattre et détruire tout ce que la méchanceté ou la jalousie pourroit inventer et faire passer à Paris pour inquiéter et dégoûter des citoyens qui ont fait tous les sacrifices possibles pour se dévouer entièrement à la chose publique. Vous êtes cependant trop favorablement prévenu en faveur de quelques-uns que vous croyez incapables de s'amuser à pêcher dans le trouble : je suis cependant fondé à vous assurer qu'il a été écrit avec de l'encre qui n'étoit qu'un poison distillé pour noircir la réputation de quelques membres de l'administration auxquels je ne suis point étranger, et que, devançant le résultat de ces démarches, le citoyen *Ferogio* disoit, le 25 du courant au soir, que bientôt on auroit vu la destitution d'Oberty, Scudery et Donny. Le citoyen *Pio* étoit témoin à ces discours faits par ledit *Ferogio* dans la maison de *Jean-Baptiste* de *Bernardi*. Vous voyez, d'après cela, que le bruit répandu, il y a quelques jours, avoit quelque fondement ; dans les circonstances sur-tout que ledit *Ferogio* est un demi-tout-puissant dans le bureau du commissaire dont le second appui est le citoyen Martin, ex-moine, qui, après avoir servi d'instrument audit commissaire, dit ensuite en confidence à tout le monde ce qui a été fait et dit.

Par les renseignemens que nous avons, *Massa*, qui est le rapporteur des dénonciations, en réfère directement au *Directeur Merlin* sur les dispositions duquel il compte beaucoup. Si vous avez occasion de voir ce Directeur, faites-lui connoître les ressorts qu'on cherche à mettre en mouvement pour nuire à quelques fonctionnaires honnêtes. J'aurai toujours présens les conseils que vous me donnez de régler ma conduite de manière à ne fournir aux malveillans aucun moyen d'attaquer mes intentions. J'ose me flatter d'avoir, jusqu'à ce jour, tâché d'atteindre ce but.

Signé, Oberty.

Nº. XXXVII.

LIBERTÉ.   ÉGALITÉ.

François Ferogio au citoyen Gastaud, membre du Conseil des Anciens.

Citoyen,

Un bruit sourd court dans cette commune. Des malveillans s'amusent à débiter que quelques administrateurs, Payany entr'autres, Scudery, et Oberty, ont reçu en cadeau toute l'argenterie qui appartenoit au ci-devant comte Lascaris pour se prêter à la radiation provisoire du même individu.

J'ai été indigné, citoyen, de ce bruit. Le parti Villaretien, qui ne cherche qu'à jeter du louche dans les opérations de l'administration, voulant s'emparer de nouveau de l'esprit crédule de cette commune, enfante des fantômes et des mensonges. Ce parti, ami déclaré du cabinet de St. James ne peut régner que dans l'anarchie, et cherche de l'entraîner peu-à-peu par tous les moyens les plus exécrables.

Je dois à la vérité, je dois à la considération dont ces citoyens jouissent, un démenti formel à toutes ces calomnies. Une partie de l'argenterie Lascaris existe encore dans cette commune : une partie me fut consignée il y a sept mois environ en qualité de fondé de pouvoir de madame Piosasque, et que je me suis empressé alors de la faire passer en Piémont.

Je connois assez la probité et les mœurs de tous les administrateurs en général pour ne pas me hasarder à leur offrir des cadeaux. Mon caractère s'y opposeroit, et la pauvreté de ma principale seroit encore le plus grand obstacle.

Je doute, citoyen, que ce ne soit l'intérêt de quelqu'un que je n'ose nommer, qui, desirant de voir le nom de Lascaris définitivement maintenu sur la liste, fait jouer l'ancien club pour diffamer les administrateurs afin de les engager à démentir ce bruit par la non-radiation.

Quoi qu'il en soit, j'abandonne entièrement l'affaire Lascaris à la décision de cette administration, à laquelle je me garderai bien d'en parler.

Je vous prie seulement, citoyen, de démentir de votre côté ces calomnies atroces par lesquelles on cherche à dénigrer l'honneur de vos amis, faisant dans l'occasion tout le cas possible du contenu de ma lettre.

Conservez-moi votre amitié; faites agréer mes complimens au citoyen Dabray.

Salut et fraternité,

Signé, F. Ferogio.

Pour copie conforme à l'original.

Signé, Gastaud.

XXXVIII.

Lettre du citoyen Gastaud, membre du Conseil des Anciens, au ministre de l'intérieur.

Paris, le 15 nivose an septième républicain.

J'ai reçu, citoyen ministre, comme vous l'avez vu par le *post-scriptum* de ma lettre du 13 de ce mois, la copie de l'arrêté qui destitue et dénonce aux tribunaux trois membres de l'administration centrale de mon département. Les motifs énoncés dans cet arrêté n'ont point altéré mon opinion à l'égard des membres destitués ; ils n'ont fait au contraire que la rassurer de plus en plus : mais pour donner sur les pièces qui se trouvent citées dans ledit arrêté les renseignemens et explications qui peuvent mieux éclairer votre religion, je viens vous en demander communication ou la transmission d'une copie. Ces pièces sont, 1°. le billet écrit par le citoyen Payany au nommé Ferogio ; 2°. le projet d'arrêté de l'administration centrale, écrit de la main du citoyen Oberty, tendant à faire déclarer émigré J.-Augustin Lascaris ; 3°. la lettre du nommé Ferogio, désigné pour secrétaire de madame de Piosasco, sœur dudit Lascaris, datée de Nice le 21 juillet 1798, et adressée à Turin à son beau-frère Jano ; 4°. la réponse de ladite dame Piosasco, datée de Turin le 27 du même mois (v. st.), et enfin l'attestation de *Sébastien Giraud*, médecin à Turin, sur la véracité desdites pièces. Je ne vous dirai rien concernant l'inculpation d'avoir fait sortir de la République des effets d'artillerie, dès que vous m'avez fait sentir qu'il ne devoit point en être fait mention, et que des motifs politiques pouvoient avoir autorisé cette sortie ; mais, si toutefois il vous plaisoit d'avoir à cet égard des moyens de justification, je suis prêt à vous les fournir.

Je vous prierois encore, citoyen ministre, de faire joindre à cette communication, ou l'envoi des copies, ou toute autre pièce qui pourroit se trouver dans les bureaux de votre ministère, servant d'éclaircissement ou d'explication à celles dont le sens douteux ou équivoque vous auroit engagé de les rechercher en Piémont comme dans mon département.

Signé, Gastaud, à l'original.

N°. XXXIX.

Gastaud (des Alpes-Maritimes), membre du Conseil des Anciens, au citoyen ministre des finances.

Paris, le 10 nivose, an 7 de la
République une et indivisible.

Je n'ai pu apprendre sans étonnement, citoyen ministre, la destitution de trois membres de l'administration centrale de mon département ; je sais qu'elle n'a été provoquée que pour en éloigner ceux qui ont constamment résisté à l'opinion du citoyen *Massa*, commissaire du Directoire exécutif près ladite administration, qui vouloit faire excepter de l'émigration le ci devant comte *Paul Lascaris*: mais, en attendant que je puisse vous fournir sur les manœuvres du commissaire tous les renseignemens qu'il est utile que vous ayez pour mieux juger ses intentions, je me crois en devoir de vous prémunir contre l'effet nuisible de cette destitution, en ce qui concerne les droits de la République sur la riche succession dudit émigré.

Je vous transmets donc ci-inclus la copie d'une lettre (1) de F. Feroggio, Piémontais, chargé de pouvoir, comme vous le verrez, d'un des prétendus héritiers. Elle prouve qu'une partie de l'argenterie *Lascaris* existoit dans la commune de Nice, et qu'une autre partie, je ne sais par quel ordre et comment, a passé dans le Piémont. A ces renseignemens, j'ajouterai que *Feroggio* travaille dans le bureau dudit commissaire, et qu'il en est le confident au point qu'il a pu prédire, le 25 frimaire dernier, que trois administrateurs seroient destitués.

Je dirai encore, pour votre plus grand éclaircissement, que l'émigré Lascaris étoit parrain d'Alexandre Massa, autre commissaire du Directoire exécutif dans le canton de Menton, et frère à celui près l'administration centrale ; que l'un et l'autre étoient les protégés de *Lascaris* sous l'ancien gouvernement, et qu'ils en sont devenus les protecteurs sous le nouveau ; qu'Alexandre Massa n'est jamais venu à Nice, sans qu'il fût logé par *Lascaris* et nourri à ses dépens ; que,

---

(1) Voyez cette lettre sous la pièce numéro 37, page 137.

par réciprocité de service et d'attention , *Massa* , ne pouvant arrêter en faveur de leur protégé l'effet de la réémigration commandée par la loi du 19 fructidor an 5, ils lui donnèrent asyle dans une de leurs maisons de campagne, située à peu de distance de Menton, sur le territoire génois, où il est mort sous les yeux d'Alexandre , qui n'a cessé de le voir durant sa résidence dans ladite maison , et qui a, dit-on, assisté à toutes les opérations qui ont pu précéder et succéder au décès de cet émigré.

D'après ces renseignemens qui sont de la plus exacte vérité, il vous paroîtra sans doute sage, citoyen ministre, de prendre, à l'égard des biens de cet émigré, des mesures capables de prévenir la disparution de son mobilier, et toutes celles qui peuvent assurer à la République une succession que la destitution prononcée semble mettre à la merci de ceux qui la convoitent.

Signé , Gastaud.

Certifié conforme à l'original.

Signé , Gastaud.

Seconde lettre au ministre des finances.

Paris , le 23 nivose , an 7 de la
République.

Citoyen ministre ,

Aux renseignemens que vous a fournis ma lettre du 10 de ce mois , concernant la succession Lascaris, je viens ajouter ceux consignés dans une déclaration dont vous trouverez ci-inclus copie certifiée. Vous reconnoîtrez qu'elle vient à l'appui de ce que je vous ai dit à l'égard des frères *Massa* , de Menton , commissaires du Pouvoir exécutif.

Signé , Gastaud.

Certifié conforme à l'original.

Signé, Gastaud.

LIBERTÉ.   ÉGALITÉ.

Je soussigné déclare, au nom de la vérité, que, me trouvant à Nice , peu de jours après la mort de l'émigré *Lascaris* , ci-devant comte, dans la boutique du citoyen Joseph Malbequi, perru-ruquier, les nommés *Bessi*, domestique dudit *Lascaris*, et le sur-nommé *Napoli*, cuisinier, et autre domestique du même *Lascaris*, étant venus se faire raser chez ledit *Malbequi*, le discours les ayant amenés à parler de ce qui s'étoit passé en leur présence, avant comme après le décès dudit *Lascaris*, ils dirent, étant présent à leur dire, ledit *Malbequi*, un nommé Joseph Seassal, quelques autres citoyens dont je ne puis rappeler le nom, et moi-même, que ledit Lascaris étoit mort dans une maison de campagne située sur le territoire génois, appartenante au citoyen Massa, de Menton, commissaire du Pouvoir exécutif. Ils ajoutèrent, toujours en présence des susdits ci-toyens, que, peu de temps avant la mort dudit *Lascaris*, ils lui de-mandèrent de disposer à leur profit des deux montres qui se trou-voient suspendues au lit, en reconnoissance des soins qu'ils lui avoient prêtés dans sa maladie; que ledit Lascaris prit de mauvaise part cette demande, et leur répondit qu'il n'étoit pas encore mort. A quoi ledit commissaire, qui se trouvoit présent, ainsi qu'un nommé *Millo*, de Peille, émigré et facteur des affaires dudit *Lascaris*, re-prit, en imposant silence par un signe improbatif auxdits *Napoli* et *Bessi*, et en s'exprimant à voix basse, de ne point s'inquiéter à cet égard; qu'il auroit soin de les contenter, et puis relevant la voix, il ajouta : *Monsieur le comte n'est pas un ingrat, il n'oubliera pas de vous récompenser.*

Ils dirent, de plus, qu'après le décès dudit *Lascaris*, ayant rap-pelé audit *Massa* la promesse qu'il leur avoit faite, ils eurent, pour excuse, qu'il n'étoit pas en son pouvoir de disposer d'aucun objet de la succession du défunt; mais qu'il s'emploieroit pour leur faire obtenir la juste récompense des soins et services extraordinaires qu'ils pouvoient avoir rendus. Ils ajoutèrent que, dès ce moment, le ci-toyen *Massa* prit possession, non-seulement des deux montres en or, mais encore de tous les effets propres audit *Lascaris*, après leur avoir ordonné de se retirer, se rappelant de la circonstance particulière d'avoir ôté des manches de la chemise qui couvroit le cadavre dudit défunt des boutons en or; qu'ils furent apperçus par ledit *Massa*, qui se les fit remettre.

Ils dirent enfin que, dans cette occasion, le nommé *Millo*, émi-gré et facteur dudit *Lascaris*, ayant voulu se mêler de donner quelques avis pour assurer la succession du défunt, et ayant proposé de ne rien toucher au mobilier qu'il avoit délaissé, en ajoutant qu'on devoit y mettre provisoirement le scellé, pour pouvoir ensuite tout inventorier, ledit *Massa* fut tellement piqué de cette observation, qu'il menaça de toute son indignation ledit émigré, avec lequel il avoit vécu jusqu'alors en très bonne intelligence ; qu'ils savoient même que ledit Millo alloit souvent voir, à Menton, ledit commissaire *Massa*, et qu'ils se rendoient ensemble auprès dudit Lascaris, dans la maison de campagne sus-mentionnée.

Ils ajoutèrent qu'à ces menaces, le citoyen Massa joignit celle de faire arrêter *Millo*, s'il s'avisoit de remettre le pied sur le territoire de la République, et qu'il l'obligea à quitter ladite maison de campagne, parce qu'il ne lui étoit pas même permis de rester sans permission sur le territoire génois.

Je me rappelle encore que ledit *Napoli* et *Bessi*, continuant à parler sur le compte du citoyen *Massa*, ils dirent qu'il s'étoit chargé du soin des funérailles, et qu'elles furent faites en faisant transporter le cadavre dans la commune de Castellar, dont il étoit ci - devant seigneur, avec l'appareil qui distinguoit sous l'ancien gouvernement les hommes de sa qualité.

Paris, le 19 nivose, an 7 de la République française, une et indivisible.

Signé, Jean-Baptiste Suquet.

Certifié conforme à l'original.

Signé, Gastaud, du Conseil des Anciens.

N. B. Elle a été transmise, par copie, au ministre des finances, le 23 nivose an 7 de la République.

Troisième lettre au ministre des finances.

Paris, le 5 pluviose, an 7 de la
République une et indivisible.

Citoyen ministre,

Je vous transmets ci-inclus, les déclarations (1) qui m'ont été adressées de Nice par un des administrateurs que l'arrêté du 29 frimaire dernier, surpris à la religion du Directoire exécutif, a frappés comme *accusés d'avoir reçu des pièces d'argenterie, et une obligation d'une somme beaucoup plus considérable pour trahir leurs devoirs et frustrer la République des effets des lois contre les émigrés.*

---

(1) Voyez ces déclarations sous les pièces, numéros 1, 2 et 3, p. 77, 79 et 81.

Ces pièces, jointes à celles précédemment transmises avec mes deux lettres des 10 et 23 nivose dernier, vous feront parfaitement connoître quels sont les hommes qui doivent être recherchés pour le riche mobilier de l'émigré *Jean-Augustin-Paul Lascaris*, que toutes les intrigues et menaces du commissaire *Massa* n'ont pu faire radier par les administrateurs destitués.

Vous voudrez bien, citoyen ministre, m'accuser réception de ces pièces, et me donner cinq minutes d'audience particulière, pour vous communiquer encore toutes celles que la correspondance a pu me fournir, et qu'il seroit trop long de transcrire.

Signé, Gastaud.

Certifié conforme à l'original.

Signé, Gastaud.

Quatrième lettre au ministre des finances.

Paris, le 13 pluviose, an 7 de la République,
une et indivisible.

Citoyen ministre,

A la suite des pièces que je vous ai fait passer avec mes lettres des 10 et 23 nivose dernier et 5 pluviose courant, concernant la recherche et découverte d'une partie du mobilier de l'émigré *Jean-Augustin-Paul Lascaris*, je vous transmets, ci-inclus, celle qu'on m'a encore adressée en dernier lieu (1).

Vous remarquerez, sans doute, que cette pièce, quoiqu'extraite avec exactitude de l'original, n'est point certifiée, comme les précédentes, par le juge-de-paix. Elle eût été revêtue de cette formalité, si l'original eût pu être enregistré avant le départ du courier. Son contenu ne vous donnera pas moins la certitude que quatre ou cinq sacs de gros écus sont passés au pouvoir du commissaire *Massa* peu de jours avant le décès dudit émigré. Ce *Massa*, ainsi que je vous l'ai dit par madite lettre du 10, est le frère du commissaire central.

Il me parviendra vraisemblablement d'autres pièces et renseigne-

---

(1) Voyez cette déclaration sous la pièce, numéro 3, page 83.

mens relatifs au même objet. Je mettrai tout l'empressement à vous les faire parvenir ; veuillez, de votre côté, me donner la certitude que vous les recevez régulièrement.

Signé, Gastaud.

Certifié conforme à l'original.

Signé, Gastaud.

Nᵒ. X L.

Copie de la déclaration du citoyen Levamis.

Je soussigné, commis en chef dans les bureaux de l'administration centrale de ce département, certifie et atteste que m'étant rendu, le 15 de ce mois, sur le dix heures environ du matin, au bureau du citoyen *Oberty*, alors président de ladite administration, j'y trouvai le citoyen *Feroggio*, qui causoit avec ledit citoyen *Oberty* sur l'arrêté du pouvoir exécutif qui a frappé de destitution trois administrateurs, dans lequel arrêté ledit citoyen *Feroggio* figure pour quelques billets et lettres reçues et écrites par lui, et j'entendis que ledit citoyen *Feroggio* assuroit le même citoyen *Oberty*, qu'il n'avoit jamais fourni aucun renseignement qui pût le concerner, et sur la demande dudit citoyen *Oberty*, le citoyen *Feroggio* s'offrit à lui délivrer une déclaration constatant qu'il n'avoit jamais eu avec ledit citoyen *Oberty* aucun entretien ni rapport direct ou indirect concernant l'affaire du nommé Augustin *Lascaris*, prévenu d'émigration, dont il est fait mention dans le susdit arrêté que j'avois lu un instant avant. Il sortit à cet effet du susdit bureau, en disant qu'il alloit faire un brouillon de ladite déclaration ; et m'étant arrêté, dans le même bureau, avec ledit citoyen *Oberty*, je vis revenir, peu de temps après, le même citoyen *Feroggio*, et dit au même citoyen *Oberty* qu'ayant consulté le citoyen Massa, commissaire central, celui-ci lui avoit conseillé de ne faire aucune déclaration, jusqu'à ce que ledit citoyen *Oberty* lui en fît la demande légalement.

En foi de quoi, pour rendre hommage à la vérité, j'ai fait la présente déclaration sur la demande dudit citoyen Oberty, prêt à la ratifier dans les formes légales, si le cas le requiert. A Nice, le 19 nivose an 7ᵉ. de la République française, une et indivisible.

Signé, Levamis, fils.

Certifié conforme.   Gastaud, *du Conseil des Anciens.*
Gastaud (des Alpes-Maritimes.)   K

N°. X L I.

ÉGALITÉ.   LIBERTE.

Ordonnance de mise en liberté.

Vu par nous Antoine *Dalmassi*, directeur du jury de l'arrondissement de Nice, département des Alpes - Maritimes, faisant fonction d'officier de police judiciaire, l'arrêté du Directoire exécutif, en date du 29 frimaire dernier, portant que les citoyens *Donny*, *Oberty*, *Scudéry* & *Payany*, ex-administrateurs de ce département, seroient traduits par-devant les tribunaux compétens, comme prévenus de deux chefs d'accusation, 1°. d'avoir reçu des pièces d'argenterie, et une obligation d'une somme beaucoup plus considérable, pour trahir leurs devoirs, et frustrer la République des effets des lois contre les émigrés; 2°. d'avoir, sous de vains prétextes, fait sortir de la Répubique environ 53,802 myriagrammes pesant d'armes et effets de guerre réformés qui avoient été acquis par la maison de commerce *Leclerc*, dont le citoyen *Donny* est le chef.

Vu encore la lettre de l'accusateur public, du 19 nivose dernier, qui nous dénonce les mêmes délits, et nous en ordonne la poursuite en conformité des lois. Vu le procès - verbal des déclarations des témoins, au nombre de vingt-cinq.

Vu toutes les pièces qui nous ont été transmises, tant par l'accusateur public que par les diverses autorités constituées, et témoins entendus, dont il a été dressé inventaire.

Vu notre procès-verbal de clôture en date du 5 du courant.

Vu notre mandat d'amener décerné le 7 du même mois contre lesdits prévenus.

Vu l'interrogatoire que nous avons fait subir aux mêmes; savoir, audit *Payany* le 8, auxdits *Oberty* et *Scudery* le 9, et à *Donny* le 12 du courant, ainsi que leurs réponses.

Ier. chef d'accusation.
Considérant que quant au premier chef d'accusation relatif à l'argenterie *Lascaris* que Payany est prévenu d'avoir reçue du citoyen *Feroggio*, le 30 messidor dernier, sur les neuf heures précises du matin, il n'existe d'autre preuve, touchant ce fait, que les seules dépositions dudit Feroggio et du citoyen Charles Marquin, Pié-

montais, ainsi qu'un billet sans date et sans signature, et qui n'explique nullement l'objet pour lequel il a été écrit;

Considérant que la déposition du citoyen *Bensa* ne contient aucun fait positif, mais seulement le rapport que Feroggio doit lui avoir fait touchant cette affaire, et qu'en comparant même ces trois dépositions ensemble, on y découvre aisément une contradiction physique qui en détruit la force, puisque *Bensa*, dans sa déclaration, affirme qu'après avoir pesé toute l'argenterie Lascaris qui étoit entre ses mains, et avoir procédé à son partage entre les héritiers dudit Lascaris, il en a remis à Feroggio, en qualité de fondé de pouvoir de madame Piossasco, sœur dudit Lascaris, que trente-neuf livres et six onces poids de *Nice*, tandis que Feroggio assure, dans sa déposition, qu'il a remis à *Payany* douze rups d'argenterie de Lascaris, et la même qu'avoit reçu dudit Bensa; or comme le rup de Nice se trouve composé de vingt-cinq livres, il auroit fallu nécessairement que Bensa eût remis cinquante livres d'argenterie à Feroggio pour former le poids que ce dernier a déclaré : il y a par conséquent une différence de dix livres et demie;

Considérant que l'on remarque en outre que ledit Feroggio a déclaré que toutes les pièces de ladite argenterie ne se trouvoient point contenues dans la corbeille qu'il dit avoir remise à Payany, et qu'il avoit encore six couverts d'argent et une cuiller à ragoût qu'il avoit prêtés au citoyen Vinay, Piémontais, et qu'il dit ensuite avoir retirés à différentes reprises et remis postérieurement audit Payany, lequel dernier objet pourroit être évalué à quatre livres d'argenterie, qui, jointes aux dix livres et demie ci-inclus désignées, forment une différence de quatorze livres et demie, et c'est ce qui prouve encore plus la contradiction manifeste des dépositions desdits *Feroggio*, *Marquin* et *Bensa*;

Considérant que ledit Marquin, dans sa déposition, déclarant que la corbeille d'argenterie qu'il dit avoir portée à Payany à la même époque 30 messidor dernier, pesant trois rups poids brut, présente également une difficulté qui fait douter de la véracité de son assertion, puisque on ne rencontre pas des corbeilles qui pèsent un rup;

Considérant que s'il avoit dit vrai, il s'ensuivroit alors qu'il y avoit encore plus d'argenterie que Feroggio n'a déclaré, c'est ce qui éloigne encore davantage de la quantité précise fixée dans des dépositions de *Bensa*, lequel affirme positivement le poids exact et le partage ensuivi; considération qui doit être du plus grand poids pour établir une base propre à comparer ensemble le résultat desdites dépositions;

Considérant que lesdits *Feroggio* et *Bensa* se trouvent comptables

l'un et l'autre, en qualité de dépositaires des effets de l'hoirie Lascaris
dont s'agit, et n'ayant point accompli le vœu des lois à cet égard,
ils se trouvent parties intéressées, et que par là leurs dépositions ne
peuvent que paroître suspectes, et que leur infidélité même se trouve
démontrée par leurs contradictions;

Considérant que le billet écrit par Payany, et que Feroggio a produit à l'appui de sa déclaration, se trouve absolument insignifiant par
lui-même, et que par les explications et réponses que ledit Payany a
données à ce sujet, il paroît que l'objet dudit billet n'étoit que pour
retirer divers effets qu'il avoit apportés de Paris, dans le voyage qu'ils
y avoient faits ensemble; lesquels effets, venus dans les mêmes malles,
avoient été déposés chez ledit Feroggio, de chez lequel il les a retirés
à différentes reprises;

Considérant que le billet écrit par Payany à Feroggio, sans date,
ne peut point fixer l'époque de son envoi, pour savoir s'il est relatif
à la remission de l'argenterie *Lascaris*, que Feroggio prétend avoir
faite audit *Payany*, le 30 messidor dernier, et qu'il paroît certain au
contraire (par le certifié conforme, que Feroggio a mis au bas de la
copie dudit billet, sous la date du 3 frimaire, cotée n°. 2, et à nous
transmise par l'accusateur public, comme une des pièces de conviction); que ledit billet doit avoir été écrit par Payany à Feroggio,
dans le temps que le premier n'étoit plus administrateur, puisque dans
ledit certifié Feroggio donne à Payany la qualité d'alors ex-administrateur du département, et quoique le mot *alors* ait été mis par inter-
ligne, et d'une encre différente, ledit Feroggio a néanmoins reconnu
qu'il avoit été placé de sa propre main, lorsqu'il mit le certifié au
bas, ainsi qu'il en conste par notre procès-verbal du 29 pluviose
dernier;

Considérant que quoique ledit Feroggio ait allégué dans l'explication
qu'il a donné à ce sujet, qu'il n'avoit prétendu appliquer les termes
d'*alors ex-administrateur*, que pour désigner la qualité que Payany
avoit, le 3 frimaire, jour auquel ledit Feroggio a mis le certifié
conforme du billet dont il s'agit; c'est-à-dire que Payany ne se trouvoit plus alors administrateur : néanmoins cette explication paroît forcée,
et nullement naturelle, parce que le mot *alors* renfermant dans son
idée un temps passé, ne peut se rapporter qu'à un temps antérieur à
l'époque du certifié, et qu'il paroît signifier plus naturellement que,
lorsque le billet en question a été écrit par Payany, le dernier n'étoit
plus administrateur;

Considérant que d'après cette observation importante, qui découle
de la nature des choses, il s'ensuit que quand même le délit dont il
s'agit seroit prouvé, on ne pourroit plus le qualifier de délit de

concussion par rapport à Payany, puisqu'il avoit cessé d'être fonction=
naire public;

Considérant que suivant cette remarque, il s'ensuit encore que ledit
billet ne peut pas avoir été écrit par Payany à l'époque du 29 ou 30
messidor dernier, parce que dans ce temps-là il étoit encore membre de
l'administration centrale;

Considérant que les divers motifs ci-dessus détaillés, qui infirment
la déposition de Feroggio, acquièrent une nouvelle force par la lettre
que ce dernier a écrite à ce sujet au citoyen Gastaud, membre du
Conseil des Anciens, dans laquelle ledit Feroggio proteste, avec les
expressions les plus fortes et les plus énergiques, que la prétendue
remission de l'argenterie *Lascaris* est une pure calomnie, et que ce
n'est qu'une intrigue du parti *Vilaretien*, qui ne cherche qu'à jeter
du louche dans les opérations de l'administration, et qui, voulant
s'emparer de nouveau de l'esprit crédule de cette commune, enfante
des fantômes et des mensonges; que ce parti, ami déclaré du cabinet
de Saint-James, ne peut régner que dans l'anarchie, et cherche de
l'entraîner peu-à-peu par tous les moyens les plus exécrables; il ajoute
qu'il doit à la vérité et à la considération dont les citoyens jouissent,
un démenti solemnel à toutes ces calomnies; il affirme ensuite qu'une
partie de l'argenterie *Lascaris* existoit encore dans cette commune de
Nice; que l'autre partie lui fut consignée il y avoit six mois environ,
en qualité de fondé de pouvoir de ladite dame *Piossasco*, et qu'il s'empressa alors de la faire passer en *Piémont*.

Après, il rend le témoignage le plus flatteur et à la probité et aux
mœurs de tous les administrateurs en général, ajoutant qu'il n'auroit osé
se hasarder à leur offrir des cadeaux; que d'ailleurs son caractère s'y
opposeroit, et que la pauvreté de sa principale seroit encore le plus
grand obstacle; il fait part de ses doutes sur l'auteur de cette intrigue,
qu'il n'ose nommer, et qu'il dit agir par motif d'intérêt, desirant de
voir le nom de *Lascaris* définitivement maintenu sur la liste des émigrés,
et qui par ce motif fesoit jouer l'ancien club, pour diffamer les administrateurs, afin de les engager à démentir ce bruit par la non-radiation; il prie enfin ledit citoyen Gastaud de démentir, de son côté, les
calomnies atroces par lesquelles on cherche à dénigrer l'honneur de
ses amis, faisant dans l'occasion tout le cas possible du contenu de sa
lettre.

Considérant que la même lettre, quoique sans date, est parvenue
audit citoyen Gastaud, représentant du peuple, le 14 ou le 15 du
mois de fructidor dernier, suivant le certifié conforme mis au bas,

dans la copie authentique expédiée par ledit citoyen Gastaud, qui nous a été présentée par lesdits citoyens Oberty et Payany;

Considérant d'ailleurs que ledit Feroggio a admis dans sa déposition d'avoir écrit une lettre audit citoyen Gastaud à ce sujet, et à l'époque sus-exprimée;

Considérant qu'il résulte de la déposition du citoyen Clerici, que le citoyen Feroggio lui a affirmé les mêmes faits contenus dans la lettre dont il s'agit, que ce dernier a écrit au citoyen Gastaud, et que pour persuader ledit Clerici de la vérité de ce qu'il lui disoit, il employa les expressions les plus fortes, et les sermens les plus capables de persuader tout ce qu'il avançoit à un homme de probité;

Considérant qu'à cette occasion, ledit Feroggio a designé audit Clerici la personne intéressée, et l'auteur de tous les bruits *faux et très-faux, ainsi qu'il les qualifie*, qu'il n'avoit osé nommer dans la lettre écrite audit citoyen Gastaud; c'est-à-dire, *le citoyen* Dominique Bensa, en le traitant de *birbante*, expression piémontaise, qui équivaut au terme de fripon, et en l'accusant de n'agir de cette sorte, que parce qu'il étoit intéressé que Lascaris fût déclaré émigré, pour n'être point obligé, en sa qualité de procureur dudit Lascaris, à rendre des comptes si exacts, comme il seroit obligé de rendre, s'il étoit déclaré non émigré, parce que dans le premier cas, ledit Bensa devant rendre compte à la République, il pourroit s'en tirer à meilleur marché que s'il devoit les rendre aux héritiers du décédé Lascaris;

Considérant que touchant l'imputation faite auxdits quatre ex-administrateurs, d'avoir reçu, outre les pièces d'argenterie, une obligation d'une somme beaucoup plus considérable, pour trahir leur devoir, et frustrer la République des effets des lois contre les émigrés, il n'existe dans la procédure, ni dans les pièces à nous transmises, d'office, ni dans celles que nous nous sommes procurées par nos recherches, aucune preuve ni indice quelconque qui puisse faire présumer qu'on ait passé une obligation de la moindre somme en faveur des prévenus, soit directement, soit par le moyen d'une personne interposée;

Considérant que Feroggio lui-même, dans sa déposition, n'a articulé contre eux aucun fait semblable à cet égard;

Considérant que si par les motifs ci-dessus détaillés, les diverses présomptions qui résultoient des pièces de la procédure contre ledit Payany, au sujet du délit dont il s'agit, se trouvent éteintes, à plus forte raison elles disparoissent à l'égard de trois autres coaccusés touchant le même fait, puisqu'il n'y a contre eux aucune charge directe, et que d'ailleurs Feroggio a déclaré dans sa déposition n'avoir jamais eu aucune correspondance avec eux au sujet de la radiation Lascaris.

Considérant qu'au sujet de la remise de l'argenterie en question, que ledit Feroggio prétend avoir faite à Payany pour être partagée entre lui, Scudéry et Oberty, il n'a jamais fait mention de Donny, et qu'il n'y a à l'égard de ce dernier aucune preuve ni indice qui le charge touchant ce fait;

Considérant que le plus grand nombre des témoins entendus, et dont la plupart sont des fonctionnaires publics, reconnus par leur attachement au bien de la République, au gouvernement et aux principes de la révolution, attestent l'intégrité et la probité des prévenus Payany, Scudery, Oberty et Donny, et déclarent qu'ils les ont toujours reconnus pour incapables des faits qui leur sont imputés, qu'au contraire ils les ont vus remplir les fonctions de leur charge en se conformant aux lois, et en prenant à cœur les intérêts de la République;

Considérant que plusieurs desdits témoins affirment positivement avoir vérifié dans plusieurs occasions que les bruits vagues qui les avoient incriminés d'avoir accordé des radiations provisoires aux émigrés, à prix d'argent, se trouvent faux;

Considérant qu'il résulte la même chose des diverses pièces produites par les prévenus lors de leurs réponses à l'appui de leur justification;

Considérant que bien loin qu'aucune radiation provisoire en faveur dudit Lascaris ait eu lieu, il paroît constant que les ex-administrateurs susdits s'y sont formellement opposés, et que rien de favorable n'a été statué à ce sujet pendant leur gestion;

Considérant qu'il résulte par les diverses pièces de la procédure, que les ex-administrateurs Payany, Oberty et Donny, qui ont signé les arrêtés de l'administration centrale des 18 germinal et 4 floréal de l'an 6, portant permission d'exporter en pays étranger et allié de la République les divers effets d'artillerie réformés, et vendus aux citoyens Guille et Riban, ne se sont déterminés à adopter cette mesure, qui paroît d'abord contraire aux lois, que par les motifs qu'une nécessité urgente de service commandoit impérieusement, et que leur détermination paroît avoir été fondée sur des raisons puissantes, et surtout d'après la lettre que le ministre des finances avoit écrite à l'administration centrale le 6 germinal dernier, par laquelle il leur faisoit part d'un nouvel arrêté que le Directoire exécutif avoit pris le 23 ventose, lequel, en modifiant les dispositions de celui du 22 brumaire

IIe. chef d'accusation.

précédent, autorisoit le ministre de la guerre à disposer des effets militaires encore susceptibles de servir, et même à les aliéner, et à plus forte raison, par conséquent, ceux qui avoient été reconnus hors de service; laquelle lettre nous a été transmise par le commissaire central de ce département pour copie conforme.

Considérant que toutes les difficultés que la direction des douanes de ce département avoit exposées à l'administration centrale, pour s'opposer à ladite exportation, que les arrêtés précités, ainsi que toute la correspondance que le directeur a eue à ce sujet, ont été par lui envoyées à la régie générale, lequel a présenté le tout au ministre des finances, qui a prononcé avec pleine connoissance de cause, par sa lettre du 27 messidor dernier, la décision suivante : « Attendu les » circonstances, il n'y a pas lieu à donner des suites à cette affaire » , comme il en conste par la lettre certifiée conforme qui nous a été transmise par le citoyen *Hugot*, directeur des mêmes douanes, avec sa lettre du 7 du courant ;

Considérant qu'il résulte évidemment de ladite décision que le ministre des finances, bien loin d'improuver les deux arrêtés précités, a reconnu au contraire que des circonstances impérieuses en nécessitoient l'exécution pour le bien de la République, et qu'en conséquence la conduite des prévenus ex-administrateurs doit être regardée comme irréprochable à cet égard ; parce que, très-certainement, le ministre n'auroit pas manqué de donner les ordres les plus prompts pour empêcher de suite l'exportation desdits effets, qui avoit lieu à cette époque, et qui n'a cessé qu'à dater du 13 fructidor dernier, comme il en conste par la déposition dudit citoyen *Hugot*, directeur, et l'état général qu'il nous a fourni, par lui duement certifié le 25 nivose dernier, contenant le détail de tous les effets, objets d'artillerie et autres vendus et exportés en suite desdits arrêtés ;

Considérant que, s'il s'est passé quelques abus repréhensibles par les lois, dans l'estimation et la vente desdits objets d'artillerie réformés, les ex-administrateurs n'y étant entrés pour rien (tout cela s'étant opéré par les agens du gouvernement, par le directeur de l'artillerie, et autres préposés militaires qui ont eu la conduite exclusive de cette opération), ce seroit contre eux seuls que la poursuite auroit dû être dirigée ;

Considérant que si la permission donnée par les ex-administrateurs d'exporter les objets d'artillerie réformés dont s'agit, étoit un motif suffisant pour les traduire devant les tribunaux, il paroît certain que, par égalité de justice, tous ceux qui auroient concouru auxdits arrêtésdu 18 germinal et 4 floréal, auroient dû également se trouver compris dans l'arrêté du Directoire exécutif du 29 frimaire dernier, qui a ordonné la traduction des prévenus pour ce chef par-devant les tribunaux compétens ;

Considérant que, quoique *Scudery*, l'un des prévenus, se trouve compris dans ce chef d'accusation, il est évident qu'il n'a pu prendre aucune part à l'exportation dont s'agit, parce qu'à cette époque il n'étoit point administrateur, qu'il ne se trouve point signataire dans lesdits arrêtés, et qu'il n'a commencé d'entrer en fonctions que le 15 floréal dernier ;

Considérant que, quoique Donny se trouve associé et regardé comme chef de la maison de commerce Leclerc et compagnie, il ne résulte néanmoins d'aucune espèce de preuve, qu'il y ait eu la moindre connivence de sa part pour favoriser, au préjudice de la République, ladite maison de commerce dans l'achat qu'elle peut avoir fait d'une partie des effets d'artillerie réformés dont s'agit, et dans la permission qui a été donnée par l'administration centrale pour leur exportation en pays étranger allié ou ami de la Répupblique ;

Considérant que, par les réponses données par ledit prévenu Donny, le même auroit entièrement détruit tous soupçons et inculpations qui pourroient y avoir contre lui à ce sujet., et qu'il se trouve démontré par les pièces de la procédure que les opérations des ex-administrateurs ont été mises sous les yeux du ministre des finances, lequel, après avoir pesé les motifs contenus dans les arrêtés sus désignés, décida (ainsi que nous avons déja rappelé ci-dessus), « qu'attendu les cir- » constances, il n'y avoit pas lieu de donner des suites à cette af- » faire » ;

Considérant enfin qu'une pareille décision prouve évidemment que le ministre a reconnu la légitimité et la nécessité des motifs qui ont pu déterminer la délibération prise par l'administration centrale dans les arrêtés précités : tout vu et considéré, nous, directeur du jury susdit, faisant fonction d'officier de police judiciaire dans l'affaire dont s'agit, en vertu de l'article 142 du code des délits et des peines, estimant, d'après tous les motifs sus mentionnés, que les quatre prévenus ex-administrateurs de ce département, Payany, Oberty, Scudery et Donny, ont entièrement détruit les inculpations qui ont déterminé à le faire comparoître par-devant nous,

Avons ordonné et ordonnons, en vertu de l'article 66 du même code, que les mêmes seront mis sur-le-champ en liberté, et qu'enfin avis il en sera donné à l'accusateur public près le tribunal criminel de ce département en lui transmettant toutes les pièces de la présente procédure, dont inventaire sera préalablement par nous dressé pour servir et valoir ce que de raison.

Fait à Nice , le 13 ventose an 7 de la République française, une et indivisible, midi précis.

Signé à l'original, Dalmassy , directeur du jury ; L. Passeron , greffier.

Pour copie conforme a l'original.

Signé , Dalmassy. Passeron , *greffier.*

N°. XLII.

Déclaration du citoyen Bernardin Clericy, *ex-suppléant à la Convention nationale , et ex-commissaire du Directoire exécutif près l'administration municipale de Nice , département des Alpes maritimes.*

Je soussigné atteste, avec promesse de l'attester par serment, si besoin sera, qu'il y a cinq ou six mois environ, ayant appris que dans cette commune se disoit sourdement que les membres du département, ou quelqu'un de ses membres avoit exigé des pièces d'argenterie des chargés de pouvoir du décédé *Lascaris*, prévenu d'émigration, pour leur délivrer un arrêté de radiation provisoire dudit *Lascaris*, je m'adressai au citoyen Feroggio, chargé de pouvoir de quelque héritier présomptif du susdit *Lascaris*, pour avoir une explication avec lui sur cette affaire , assuré d'avance que par les liens de l'amitié qui nous unissent , il ne m'auroit point déguisé la vérité.

Que notre entretien eut lieu sur la place Egalité de cette commune de Nice; que moi déclarant ayant abordé le susdit citoyen Feroggio, je lui tins à peu-près ce langage : Cher citoyen Feroggio, vous savez combien je vous aime , je vous estime , et combien je vous suis attaché; j'espère que dans l'ouverture que je vais vous faire , vous me donnerez la preuve d'une juste réciprocité ; j'ai besoin de quelques éclaircissemens, que vous seul pouvez me donner sur un bruit qui court dans la commune , tendant à accréditer dans l'opinion publique une prétendue malversation, commise par les administrateurs du département, c'est-à-dire qu'on dit que lesdits administrateurs ont exigé quantité des pièces d'argenterie du décédé Lascaris , pour délivrer à ce prix un arrêté de radiation provisoire aux héritiers présomptifs dudit Lascaris. J'ajoutai : Vous sentez, mon cher Feroggio, que si les administrateurs ont commis un tel écart, ils doivent être démasqués; mais que si au contraire ce bruit n'est qu'une calomnie , tout bon citoyen doit s'empresser de la détruire , afin que nos magistrats soient entourés de toute la considération et estime que des autorités constitutionnelles doivent attendre de tout bon républicain. Je vous prie donc, mon cher Feroggio, de ne me point déguiser la vérité, afin que je sois dans le cas de sonner le tocsin contre eux ; s'ils sont coupables, ou que je puisse hardiment les défendre, et même me battre pour défendre leur honneur, persuadé, qu'en défendant des autorités constitutionnelles, qui n'ont point démérité dans l'exercice de leurs fonctions, je défendrai la République et sa constitution.

J'atteste que le citoyen Feroggio me répondit alors, avec cet air persuasif de surprise mêlé d'indignation qui annonce la véracité :

Croyez, mon cher *Clericy*, que ce bruit est faux, très-faux, que tout ce verbiage, qui court dans la ville, n'est qu'un tissu de la plus noire calomnie ; je vous le jure par tout ce qu'il y a de plus sacré, je vous le jure par mon honneur, par votre amitié et votre estime ; et que tous ces bruits sont répandus par le *birbante* de *Bensa*, qui, intéressé à ce que Lascaris soit déclaré émigré, pour n'être point obligé, en sa qualité de procureur du décédé Lascaris, à rendre des comptes si exacts, comme il seroit obligé de rendre, s'il étoit déclaré non émigré, il tâche de disséminer ces bruits, tendans à établir dans l'opinion publique, que si les administrateurs déclarent Lascaris non émigré, on croie que c'est par la *Manche* qu'ils en auroient retiré d'avance, persuadé que les administrateurs informés sans doute de ce bruit, ils déclareront Lascaris émigré, quoique dans leur conscience ils verroient qu'il ne devroit pas être déclaré tel ; et par ce moyen ledit *Bensa* devant rendre compte à la République, il pourra s'en tirer à meilleur marché que s'il devoit le rendre aux héritiers du décédé Lascaris. Ajoutant, ledit *Feroggio*, que dans sa qualité de chargé de pouvoirs d'un cohéritier présomptif, il étoit dans le cas de savoir au juste l'affaire en question, et qu'il ne m'auroit point caché la vérité, parce qu'à un ami tel que moi, il n'auroit de sa vie rien de si secret qu'il ne pût me communiquer.

Je répondis audit citoyen Féroggio qu'il m'avoit éclairé d'un grand doute, et que j'étois bien charmé de pouvoir continuer ma confiance à des administrateurs républicains bien prononcés, et nous nous séparâmes. De quoi tout je donnerai ma déclaration dans toutes les formes légales, attestée par serment, toutes les fois que j'en serai requis par quelque membre de l'ex-administration centrale.

Fait à Nice, le 19 nivose an 7 de la République française, une et indivisible.

Signé, Bernardin *Clericy*.

Certifié conforme.

Signé, Gastaud, du Conseil des Anciens.

PIÈCES ADDITIONNELLES.

Je soussigné, Hercule-Ignace Tremois, président de l'administration centrale du département des Alpes maritimes, déclare et certifie en faveur de la vérité que depuis le mois de frimaire de l'an 6, époque à laquelle j'ai été nommé administrateur de ce département, j'ai connu dans le citoyen Jean-Baptiste Oberty, membre de la même administration centrale, des sentimens de probité, et des principes d'un vrai républicain, entièrement dévoué à la révolution, et attaché à la constitution de l'an 3, et que je n'ai jamais vu varier dans ces sentimens. En foi de quoi je lui ai délivré le présent, d'après sa demande, pour lui valoir ce que de raison.

Fait à Nice, le 23 nivose an 7 de la République française, une et indivisible.

Signé, Tremois.

Certifié conforme à l'original.

Signé, Gastaud, du Conseil des Anciens.

ÉGALITÉ.   LIBERTÉ.

Déclaration du citoyen Philippe Rusca.

Paris, le 16 nivose an 7 de la république
une et indivisible

Je soussigné, au nom de la vérité, premier et essentiel distinctif d'un républicain, déclare ce qui suit :

Etant à Nice, chargé par le citoyen Letourneux, alors ministre de l'intérieur, de rassembler les collections littéraires du département des Alpes-Maritimes et d'organiser la bibliothèque de l'école centrale, je fis la connoissance du procureur *Galleta*, envoyé de Turin par les héritiers de *Paul Lascaris* pour en solliciter la radiation, qu'il me pria de vouloir m'intéresser auprès du citoyen *Scudery*, administrateur, pour l'engager à favoriser son affaire pour le bon succès de laquelle il avoit ordre de faire un présent de conséquence, sans limitation de somme, que je pouvoir lui promettre librement.

Quoique je trouvasse la proposition très-incivique, je ne me refusai pas à cette démarche pour avoir une nouvelle occasion de connoître de plus en plus le civisme et l'intégrité du citoyen *Scudery* : je me rendis chez lui, je fis la commission telle que ledit procureur *Galeta* le souhaitoit. Le citoyen *Scudery* se mit en colère, et il n'y a pas de sottises qu'il ne me dît en ajoutant que, sans l'amitié qu'il avoit toujours eue pour les *Rusca*, il m'auroit mis à la porte ; que, très-porté pour la justice et pour la République, il seroit toujours plus sévère, lorsqu'il s'agiroit d'une chose injuste, contraire aux intérêts de la République comme celle dont je venois de lui parler, et que, bien loin de favoriser les héritiers des émigrés, quoi qu'on aie pu dire sur lui à cet égard dans les temps passés, il seroit toujours le plus contraire et prouveroit toujours au gouvernement et au public, contre les malins qui ne cessoient de le persécuter, que ses sentimens sont toujours les mêmes, qui l'ont porté dès le commencement à soutenir le parti de la République.

Je lui fis mes excuses en l'assurant que je ne savois pas que *Lascaris* fut réellement émigré, et que, dans cette persuasion, je ne me serois jamais avancé à parler en sa faveur, ou de ceux qui peuvent lui appartenir. Je me retirai moins sensible aux sottises d'un ami républicain intègre, qu'édifié des sentimens de civisme et d'intégrité que je reconnus dans le citoyen *Scudery*, qui assurément ne se seroit pas gêné avec moi, qu'il devoit connoître incapable de l'afficher dans le cas qu'il eût accepté la proposition que je venois de lui faire.

Signé, Philippe Rusca.

Pour copie conforme à l'original.

Signé, Gastaud, du Conseil des Anciens.

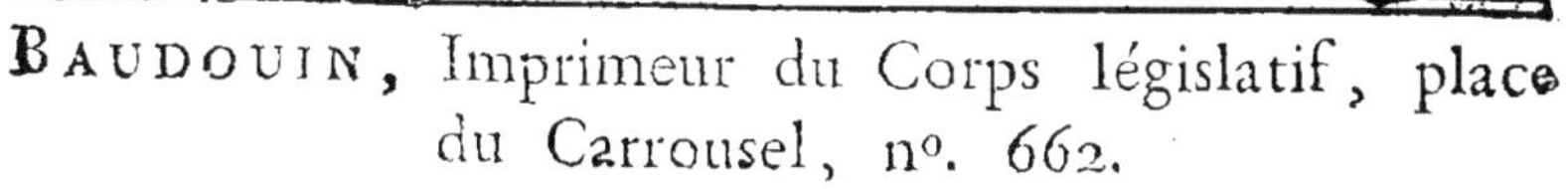

BAUDOUIN, Imprimeur du Corps législatif, place du Carrousel, n°. 662.

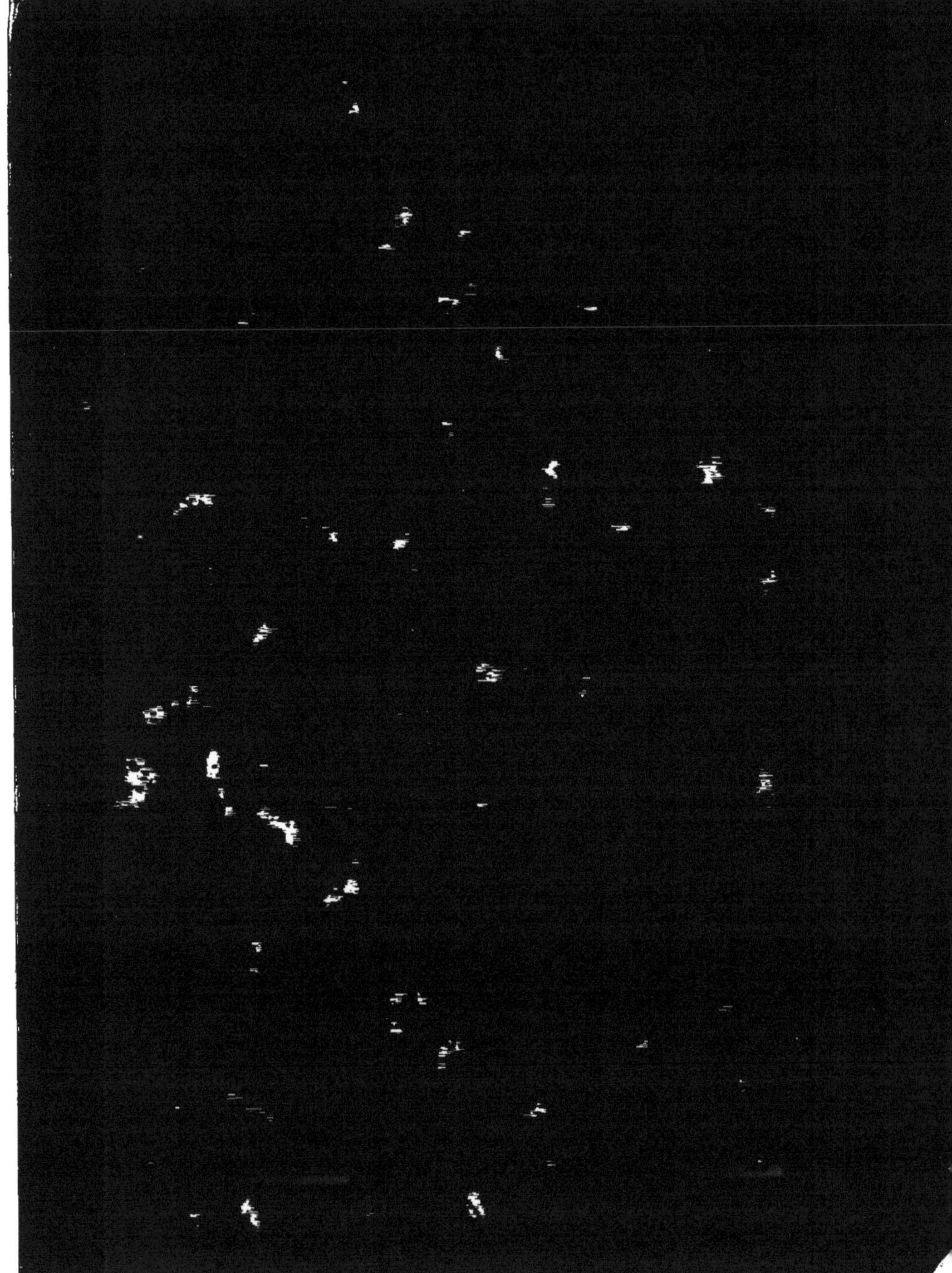